ENNEAGRAMM
UND PARTNERSCHAFT

*Margaret Frings Keyes*

# ENNEAGRAMM UND PARTNERSCHAFT

### EIN ARBEITSBUCH FÜR EINZELNE, PAARE UND GRUPPEN

Zeichnungen von M. K. Brown

*Claudius*

Titel der amerikanischen Originalausgabe:
THE ENNEAGRAM RELATIONSHIP
WORKBOOK by Margaret Frings Keyes,
Molysdatur Publikations, Muir Beach, California
Copyright © 1991 by Margaret Frings Keyes

Aus dem Amerikanischen übersetzt von
RITA HÖNER

Lektorat und Überarbeitung für die deutsche Ausgabe von
MARION KÜSTENMACHER

Die Deutsche Bibliothek – CIP-Einheitsaufnahme

**Keyes, Margaret Frings:**
Enneagramm und Partnerschaft: ein Arbeitsbuch für einzelne,
Paare und Gruppen / Margaret Frings Keyes. Zeichn. von
M. K. Brown. [Aus dem Amerikan. übers. von Rita Höner.
Lektorat und Überarb. für die dt. Ausg. von Marion
Küstenmacher]. – München : Claudius-Verl., 1993
    Einheitssacht.: The enneagram relationship workbook ⟨dt.⟩
    ISBN 3-532-62142-8
NE: Küstenmacher, Marion [Bearb.]; EST

© für die deutsche Ausgabe
Claudius Verlag München 1993
Alle Rechte, auch die des auszugsweisen
Nachdrucks, der fotomechanischen
Wiedergabe und der Übersetzung, vorbehalten
Umschlaggestaltung: Werner Richter
Gestaltung: Dorothee Bauer
Satz: Satzherstellung Karlheinz Stahringer, Ebsdorfergrund
Druck: Clausen & Bosse, Leck

ISBN 3-532-62142-8

*Dieses Buch
widme ich meinen Patenkindern
– Pionieren und Freiwilligen*

# Inhalt

*In diesem Buch können Sie sich frei bewegen*
*und nur das auswählen und lesen, was Sie interessiert.*
*Überspringen Sie, was Sie schon wissen.*

Vorwort
Überblick der Autorin: Wie dieses Buch
zu benutzen ist . . . . . . . . . . . . . . . . . 11

Erster Teil
SELBSTEINSCHÄTZUNG

Kapitel 1
Einführung ins Enneagramm . . . . . . . . . 19

Kapitel 2
Selbsteinschätzung . . . . . . . . . . . . . . . 23
*Eine Enneagramm-Persönlichkeits-Checkliste mit 99 Fragen*
*und eine einfache Auswertung*

Kapitel 3
Enneagramm-Persönlichkeiten auf einen Blick . 32
*Eine Übersicht mit Bündeln von Enneagramm-Charakterzügen –*
*und Beispielen*

Kapitel 4
Übungen in Rollenspiel und Rollentausch . . 47
*Ihre neun Enneagramm-Charaktere – eine Aufwärmübung und*
*eine Reihe von Fragen aus der Sicht jedes erfundenen Charakters*

Kapitel 5
Subtypen und situationsbedingte Rollen . . . 123
*Nur für Leser, die an Persönlichkeitstheorien interessiert sind. Wer mit*
*der Jungschen Psychologie nicht vertraut ist, sollte erst Kapitel 6 lesen.*

Kapitel 6
Die neun Typen in Beziehung zur
Jungschen Psychologie . . . . . . . . . . . . . 131

Zweiter Teil  DER PARTNERSCHAFTSWEG ZUR
SELBSTERKENNTNIS

Kapitel 7  Die vier Phasen in Partnerschaft und Ehe .. 137
*Eine Übersicht über die vier Phasen der Partnerschaft – Individuation ist wie Erleuchtung – Äußere Muster mit dem Partner sind mit inneren »Seelen«-Ereignissen verbunden*

Kapitel 8  Verliebtheit .................. 145
*Leidenschaft, Aufschwung, kreative geistige und seelische Lebendigkeit, schwer zu akzeptierende Instinkte, Projektion alles Wünschenswerten auf den Partner*

Kapitel 9  Rollenanpassungen .............. 157
*Die Partnerschaft funktioniert, aber das Selbst wird unterdrückt – dann drängt das Enneagramm-Verhalten uns zu Anpassung oder Rebellion*

Kapitel 10  Verdunkelnder Konflikt ........... 171
*Das Unterdrückte verlangt, gesehen zu werden – Dissonanz! Innere oder äußere Trennung, um Bewußtheit und Leidenschaft wiederzuerlangen – Verhalten des Enneagramm-Streßpunkts*

Kapitel 11  Erinnerung an das Selbst und Ergänzung zur Einheit .................. 185
*Die Verwendung des abgelehnten Enneagramm-Elements stellt die Verbindung zum Leben wieder her und ermöglicht eine andere Liebe zum Partner*

Kapitel 12  Jeder mit jedem ............... 193
*Der Enneagramm-Prozeß von Gruppen gleicht dem des einzelnen – die Realität einer Identität mit der Gemeinschaft*

Nachwort .................... 202

Glossar  *Eine kurze Definition von Enneagramm- und Jung-spezifischen Begriffen* ............. 203

# Danksagung

Viele Menschen haben dieses Buch mit mir geschrieben. Ohne die, die mir gestatteten, Auszüge aus ihren Geschichten zu verwenden, und meine Muir-Beach-Autorenkollegen, die die Überarbeitungsphasen geduldig begleiteten – Leba Wine, Jo Gros-Balthazard und Judith Yamamoto – wäre es nicht entstanden. Genauso wichtig waren die, die auf mehr Beispiele und größere Klarheit drängten. Sally Tantau, Eliza Wingate, Joanne und Jack Buckley, Pen Bevan, Sandy Borgrink und Scott O'Keefe waren im richtigen Augenblick Helfer von unschätzbarem Wert. Audrey Fains Doktorarbeit »A Study of Couples Using the Enneagram« (Eine Untersuchung von Paaren, die das Enneagramm benutzen), und John Desteins Buch *Coming Together, Coming Apart* beeinflußten mein Denken über Paare. Linda Remy, Adrienne Sciutto und die Schriftstellerin Donna Levin sahen das Manuskript kritisch durch.

Das vorliegende Arbeitsbuch ergänzt mein erstes Enneagrammbuch *Transformiere deinen Schatten – Die Psychologie des Enneagramms* (rororo 9165) und unterstützt mein Hauptziel, die

Enneagramm-Persönlichkeitskonzepte im Licht der Jungschen Psychologie weiter zu erhellen. Leser, die an den esoterischen Ursprüngen des Enneagramms oder den Enneagon-Theorien von Oscar Ichazo interessiert sind, verweise ich auf das Arica-Institut in New York City. Aricaner werden meine Jungsche Deutung der neun Typen wahrscheinlich eher als Verzerrung denn als Erweiterung der Enneagon-Theorie betrachten.

# Vorwort

*Überblick der Autorin: Wie dieses Buches zu benutzen ist*

Die meines Erachtens wertvollste Übung in der Psychotherapie, der Rollentausch, erlaubt uns, die verschiedenen Welten anderer Menschen zu besuchen und zu erleben. Wir legen den Raumanzug unserer eigenen Persönlichkeit ab und sehen durch die Augen eines anderen Menschen. Aber wir sehen nicht nur, wir hören und *fühlen* auch, wie dieser Mensch seine Welt – und uns – erlebt.

Ein Enneagramm-Arbeitsbuch, das auf dem Rollenspiel beruht, kann erweitern, was wir an uns und anderen wahrnehmen. Der Blick auf das, was in unserem Leben in spezifischen, konkreten Situationen *ist*, stellt die praktischste Möglichkeit dar, unsere Zwänge zu erkennen. Wenn wir diese Dinge durch die Augen eines anderen Menschen betrachten, erhalten wir eine ganze Reihe neuer Informationen. Wir haben Möglichkeiten zur Veränderung, die wir gewöhnlich nicht in Betracht ziehen würden.

Im Rollenspiel stellen wir wie in einem Theaterstück einen aktuellen, vergangenen oder zukünftigen Sachverhalt dar. Wir dringen in die Gedanken und Gefühle eines Menschen ein und sprechen und handeln aus seiner Sicht. Wir lernten dies als Kinder, als wir in den alten Kleidern unserer Eltern Maskerade spielten. Rollentausch bedeutet einfach, daß wir die Welt eine Zeitlang durch die Augen eines anderen Menschen sehen, und er die Welt durch unsere. Wir können lernen, dies mit Ehe- und Geschäftspartnern zu tun, dem Vater oder der Mutter von früher und sogar den Kindern, die wir einmal waren. Wir sind nicht auf die Gegenwart beschränkt.

Erleuchtung, das »Aufwachen«, das wir durch die Beschäftigung mit dem Enneagramm suchen, beinhaltet die volle Entwicklung verschiedener Fähigkeiten – Mitgefühl, Verständnis, Kreativität und Spontaneität. Sie alle können durch Rollenspiel und Rollentausch aktiviert und geübt werden.

Das vorliegende Handbuch will alle Leser ermutigen, sich bewußt in seelische Verfassungen hineinzuversetzen, die von den ihren ganz verschieden sind, und so ein Gespür der Erleuchtung zu bekommen. Das Buch enthält Techniken (und kritische Betrachtungen) zur Selbsteinschätzung, es bietet Übungen und Informationen und eine weitere Dimension – die Karikaturen von M. K. Brown, die den Charakter so erhellen, wie Worte allein es nicht können.

Ein Rollenspiel verändert unseren Standpunkt. Genau dasselbe tun Karikaturen. Bei geschickter Benutzung stellen sie eine sehr wirkungsvolle Kunstform dar. Der Karikaturist zeigt unseren verborgenen Bezugsrahmen, indem er ihn zu einem absurden, aber logischen Schluß führt. Die Karikatur unterläuft unsere Abwehrmechanismen. Wenn jemand versucht, uns etwas über unser Verhalten zu erzählen, fühlen wir uns vielleicht bedroht. Aber wenn wir es in einer Karikatur sehen, spüren wir, daß es genau so ist. Sehen Sie sich zum Beispiel die Abbildung zum Grand Canyon an. Die Karikatur von M. K. Brown zeigt ein Paar, das am Grand Canyon steht. Die Frau bemerkt mit säuerlichem Gesicht zu ihrem Mann: »Das ist also der Grand Canyon.« Der Grand Canyon ist auf die Größe eines bedeutungslosen Rinnsals zusammengeschrumpft. Der

Das ist also der Grand Canyon.

Mann steht teilnahmslos daneben. Uns braucht nicht gesagt zu werden, daß diese Frau ihren Mann kastriert hat. Ihre Worte haben den *Grand Canyon schrumpfen lassen!* Ihre Lebenshaltung, Dinge kritisch zu beurteilen, besagt: »Das hier (was immer es ist) kommt nicht an meine (wie immer geartete) Vorstellung von Vollkommenheit heran.« Dieser Kommentar bringt alles Leben zum Verdorren, trocknet augenblicklich jede Vitalität ein. Wenn wir uns das nächste Mal dabei ertappen, wie wir etwas oder jemanden nach EINSER-Art verwerfen, hat die Karikatur ihre Wirkung getan.

Das Handbuch beginnt mit einem Inhaltsverzeichnis, das in etwa die Funktion eines »benutzerfreundlichen« Computer-Menüs erfüllt. Sie brauchen sich nicht mit Dingen zu beschäftigen, die Sie schon wissen. Andererseits können sich Leser, die mit dem Enneagramm oder moderner Psychologie überhaupt nicht vertraut sind, die Kapitel aussuchen, die ihnen am nützlichsten sind. Für Leser, die ihren Enneagramm-Punkt feststellen möchten, habe ich einen entsprechenden Fragebogen mit aufgenommen.

Zentraler Teil des Buches ist das Kapitel über Rollenspiel und Rollentausch. Durch *aktive Imaginationsübungen* dringen Sie in die Gedankenwelt der neun Enneagramm-Persönlichkeitstypen ein. Die Übungen entwickeln und trainieren Ihre Rollenspiel-Fertigkeit und Ihre Fähigkeit, sich in Reaktionen einzufühlen, die von den Ihren verschieden sind. Stellen Sie sich zum Beispiel vor, Sie kommen von der Arbeit nach Hause; niemand ist da, und im Wohnzimmer liegen und stehen überall Sportsachen herum. Als Enneagramm-EINS sind Sie vielleicht wütend, weil im Raum solche Unordnung herrscht. Als Enneagramm-FÜNF fühlen Sie sich erleichtert, daß die Familie nicht da ist und Sie Zeit haben, zur Abwechslung einmal an Ihren eigenen Projekten zu arbeiten. Als Enneagramm-SECHS haben Sie Angst, daß irgendeine Katastrophe passiert ist.

Um das Bild der verschiedenen Enneagramm-Persönlichkeiten abzurunden, werden Beispiele aus Filmen, Fernsehserien, Büchern und populären Comics angeführt. Die Fernseh-Charaktere zeigen Woche für Woche, wie sie sich in Beziehungen verhalten. Sie ändern sich selten und sind daher ausgezeichnete Beispiele für die *zu Mustern gewordenen Charakteristika* eines Enneagramm-Typs. Sobald wir das Muster erkennen, sehen wir es bei Freunden, der Familie und uns selbst.

Die Verbindung der Jungschen Psychologie mit der Enneagramm-Theorie führt zu einem Erkenntnisprozeß, der das ganze Leben hindurch weitergeht. In seinem Zentrum steht die Arbeit mit dem abgelehnten »verwandelnden Element«. Dieser Prozeß zeigt sich am ehesten in Lebenspartnerschaften und Berufungen, die totale Hingabe verlangen.

Der zweite Teil des Buches beschäftigt sich mit persönlichen Beziehungen. Eine Partnerschaft, besonders eine Ehe, ist auf dem Weg zur Selbsterkenntnis äußerst hilfreich. Die Ehe formt unseren Charakter durch viele komplexe Aufgaben. Ihre Phasen entsprechen dem von C. G. Jung skizzierten *Individuations-*

*prozeß.* Das Ziel, ob wir es nun als spirituellen Erkenntnisweg oder Individuation bezeichnen, besteht darin, die wesensmäßige Ganzheit von Seele, Körper und Geist herzustellen.

Ich beschreibe die vier Phasen der Partnerschaft und stelle Übungen vor, mit deren Hilfe Sie sich in Ihr eigenes Leben vertiefen können. Dieser Abschnitt kann allein oder mit einem Partner bearbeitet werden.

Schließlich komme ich auf das weite Thema der Gruppenbeziehungen zu sprechen. Was blockiert und was erleichtert den Beziehungsfluß? Was hat er mit der gewaltigen kulturellen Veränderung zu tun, der wir uns an der Schwelle zum 21. Jahrhundert gegenübersehen? Der Enneagramm-Prozeß des einzelnen gleicht dem der Gruppe. Das letzte Kapitel skizziert Richtungen für weitere diesbezügliche Studien.

Eine Prämisse dieses Buches lautet, daß wir uns von der beschränkten, defensiven, in der Kindheit erworbenen Sichtweise zu einer Ebene teilnehmenden Mitgefühls bewegen können. Wir können einander verstehen und lieben, wenn wir unsere Unterschiede verstehen. Ungeachtet der verschiedenen Übersichtstafeln des Buches, die eine Thematik auf einen Blick zeigen, liegt es mir wirklich ferne, die notwendige tägliche Arbeit als leicht hinzustellen. Trotzdem können »Landkarten« hilfreich sein.

# Verzeichnis der Übersichtstafeln

Enneagramm-Persönlichkeiten auf einen Blick . . . . . . 33

Enneagramm-Lebensskript-Programme . . . . . . . . . . 44

Punkt EINS: Perfektion und Groll . . . . . . . . . . . 49

Punkt ZWEI: Hilfsbereitschaft und Manipulation . . . . 59

Punkt DREI: Leistung und Image . . . . . . . . . . . 67

Punkt VIER: Außergewöhnlichkeit/launische Nostalgie . 75

Punkt FÜNF: Wissen und Rückzug . . . . . . . . . . . 82

Punkt SECHS: Sicherheit und ängstliche Zweifel . . . . 91

Punkt SIEBEN: Unbekümmerter Optimismus und
nervöse Aktivität . . . . . . . . . . . . 98

Punkt ACHT: Selbstgerechtigkeit und Arroganz . . . . . 107

Punkt NEUN: Friedfertigkeit und träge Unschlüssigkeit . . 115

Die immerwährende Bewegung des Enneagramms . . . 124

Subpersönlichkeiten von Jessica . . . . . . . . . . . . . 128

Der Partnerschaftsweg zur Selbsterkenntnis . . . . . . . 140

Erster Teil

# SELBST-EINSCHÄTZUNG

Kapitel 1

# Einführung ins Enneagramm

Das Enneagramm, ein geometrisches Symbol, stellt neun grundlegende Persönlichkeitstypen und ihre Beziehungen zueinander dar. Obwohl es heißt, das System habe sich in der arabischen Welt bei den Sufis entwickelt, stammt der Begriff von den griechischen Worten *ennea*, was »neun« bedeutet, und *gram*, was »Zeichen« bzw. »Zeichnung« bedeutet. Das Enneagramm beschreibt neun Persönlichkeitstypen mit ihren verschiedenen Ansichten über die Realität.

Kinder lernen früh im Leben, wie Belohnungen und Bestrafungen in ihrer Umgebung gehandhabt werden. Sie bringen bestimmte Verhaltensmuster – offene und versteckte Charakterzüge und Tendenzen – hervor, die mit der Zeit vorhersagbar werden.

Jedes der neun Grundmuster, die vom Enneagramm gespiegelt werden, stellt eine elementare Überlebensstrategie und eine angemessene Reaktion des Kindes auf seine Lebensumstände dar. Aufgrund dieses Standpunkts, der wie ein Fenster ist, durch das man nur einen Teil der Realität sieht, interpretiert das Kind für den Rest seines Lebens Ereignisse im Licht dieses Standpunkts. Es identifiziert sich mit seinem kleinen Bezugsrahmen, seinem »Fenster«. Ob die Persönlichkeit flexibel oder unflexibel reagiert, hängt von dem *Grad* an Streß und Bedrohung ab, der in der frühen Kindheit erlebt wird. Je spontaner das Kind sich verhält und je offener es für andere Standpunkte ist, desto gesünder wird es als Erwachsener sein. Kinder brauchen Schutz, wenn sie die Risiken eingehen, die sie zum Wachsen brauchen. Andernfalls sind sie leicht überwältigt und entwickeln starre Verhaltensweisen, um sich zu schützen. Zwischen der Fürsorge, die unsere Gesellschaft ihren Kindern angedeihen läßt, und der seelischen Gesundheit der Menschen besteht eine enge Verbindung.

Wenn wir andere Standpunkte automatisch ablehnen oder nicht sehen, verhalten wir uns von einem defensiven Bezugsrahmen aus – so, als wären wir Roboter oder halb am Schlafen. Elementare Ziele menschlichen Verhaltens – Überleben, Lust und Beziehungen – werden verzerrt. Wir verfolgen sie auf eine Weise, die starr ist und von unserem Schatten beherrscht wird, mit übermäßigem Begehren und exzessivem Haß.

Jeder von uns trägt eine Verzerrung mit sich herum, die auf dem beruht, was in der frühen Kindheit fehlte oder überbewertet wurde. Klassische Romane – *Die Brüder Karamasow, Anna Karenina, David Copperfield* – haben diese Themen aufgegriffen. Unsere verzerrten Wahrnehmungen und die Entscheidungen, die wir auf ihrer Grundlage treffen, entsprechen dem, was die christliche Religion als Todsünden bezeichnete. Wir können die Verzerrungen aber auch als neun verschiedene Formen des von C. G. Jung identifizierten Schattenarchetyps betrachten. Der Schatten, der erste Archetyp, dem wir begegnen, wenn unser »Erwachen« beginnt, zeigt unsere unangenehmen Wahrheiten. Wir müssen lernen, seine vielen Facetten zu integrieren.

Rollenspiel und Rollentausch, zwei Begriffe aus dem Psychodrama, verweisen auf einen speziellen Prozeß, um die »Fenster« zu finden, die unser Partner und andere Menschen in unserer Umgebung einschließlich unserer »Feinde« verwenden.

Wir lernen, durch ihre Fenster auf ihre Realität zu schauen, die Welt so zu sehen, wie sie sie sehen. Unser Verständnis verändert sich, es wird umfassender. Die Karikaturen und die schriftlichen Übungen dieses Arbeitsbuchs helfen uns, die Perspektive zu wechseln. Sie erweitern unsere Wahrnehmung. Aber bevor wir die Rollen tauschen, müssen wir unser eigenes inneres Verhalten objektiv beobachten. In der Psychotherapie und anderen Systemen emotionaler Schulung lernen wir, uns von unseren Gedanken und Gefühlen zu distanzieren, ohne sie zu unterdrücken. So gewinnen wir die Entscheidungsfreiheit über die vorher programmierten Reaktionen zurück. Derselbe Prozeß läuft ab, wenn wir einen spirituellen Weg gehen. Wir möchten von den partiellen (und daher unzutreffenden) Urteilen loskommen, die wir als Kinder gefällt haben.

In unserer Gesellschaft machen wir oft zunächst anderen wütende Vorwürfe, daß sie uns in unsere üble Lage gebracht haben. Alte Muster werden unterbrochen. Wir fühlen uns unbehaglich – und jeder uns Nahestehende ebenso.

Wenn wir jedoch trotz des Unbehagens den Mut haben, anzufangen, kommt mit der Arbeit ein vorurteilsfreieres Verständnis. Wir erkennen, daß auch Eltern, Familienmitglieder, Priester und Lehrer Menschen waren, die das Leben von ihrem begrenzten Standpunkt aus betrachteten. Problematische Partner, Freundinnen, Kinder oder Kollegen tun heute dasselbe.

Wenn wir uns von emotionalen Gewohnheiten befreien, gewinnen wir an Toleranz. Wir erkennen, daß wir die Sicht- und Handlungsweise des anderen Menschen in unserem Leben weder ändern können noch für sie verantwortlich sind. Wenn die aus Angst vor Tadel oder Verletzung gemachten Ausflüchte abnehmen, kann die Kommunikation zwischen uns beginnen. Das Mitgefühl wächst, wenn wir es wagen, Gefühle zu zeigen, und mit der Übung kommt das Vertrauen. Ich meine nicht eine blitzartige Erkenntnis und Erleuchtung, sondern die allmähliche Veränderung von Gewohnheiten, an denen wir hängen.

Wir lernen unseren speziellen Enneagramm-Punkt kennen, und dann lernen wir, uns nicht zu stark mit ihm zu identfizieren. Humor und der Sinn für Spaß nehmen zu. Die Bewußtheit wird größer, wenn wir beobachten, daß wir Teil der Einheit mit allem sind. Weitere Phasen des sich vertiefenden spirituellen Lebens, die nicht Thema dieses Buches sind, werden von den Klassikern verschiedener religiöser Traditionen erörtert. Zeitgenössische, für Anfänger geeignete Bücher in dieser Hinsicht sind unter anderem Evelyn Underhills *Mystik. Eine Studie über Natur und Entwicklung des religiösen Bewußtseins im Menschen* und Matthew Fox' Bücher über die Schöpfungstheologie, z. B. *Der Große Segen. Umarmt von der Schöpfung* oder *Vision vom Kosmischen Christus*.

Das nächste Kapitel vermittelt die Informationen, die Sie bei der Arbeit mit der Übersicht *Enneagramm-Persönlichkeiten auf einen Blick* brauchen. Dann kommen die aktiven Imaginationsübungen des Rollenspiels, um unser Verständnis der Enneagramm-Muster zu vertiefen.

Kapitel 2

# Selbsteinschätzung

*Eine Enneagramm-Persönlichkeits-Checkliste mit 99 Fragen und eine einfache Auswertung*

Sie beginnen beim Studium des Enneagramms mit sich selbst. Das ist nicht einfach. Sie wissen über sich so viel. Wie können Sie die verschiedenen Charakterzüge gewichten? Und was, wenn überhaupt, sollen Sie mit dem Ergebnis anfangen, wenn Sie sich entschlossen haben, Ihren Typ zu entdecken? Auf was sollten Sie sich als erstes konzentrieren – und warum?

Die folgende Checkliste gibt Ihnen eine Information an die Hand, die Sie in den späteren Übungen verwenden können, und vermittelt Ihnen ein erstes Gefühl für Ihre Einordnung im Enneagramm. **Prüfen Sie bei jeder Frage, inwieweit sie als Beschreibung von Ihnen zutrifft.**

*Übereinstimmung*
*stark  mittel  keine*
☐ ☐ ☐  1. Wenn ich im Supermarkt an der Schnellkasse stehe, passe ich auf, ob die Anzahl der Artikel im Wagen des Kunden vor mir die zugelassene Menge überschreitet.

☐ ☐ ☐ 2. Ich bin der Meinung, daß mein/e Partner/in und Menschen, die mir wichtig sind, merken sollten, was ich brauche, ohne daß ich es ihnen sage.

☐ ☐ ☐ 3. Ich bin ein Erfolgstyp, kompetent und effizient, und möchte als solcher gesehen werden.

☐ ☐ ☐ 4. Das Außergewöhnliche, Intensive und Dramatische interessiert mich. Durchschnittliches, Gewöhnliches langweilt mich.

☐ ☐ ☐ 5. Ich hänge an dem, was ich habe.

☐ ☐ ☐ 6. Mißbilligung verwirrt mich.

☐ ☐ ☐ 7. Es gibt nur wenige Situationen, an denen ich nichts Erfreuliches finde.

☐ ☐ ☐ 8. Ich mag einen guten Kampf.

☐ ☐ ☐ 9. Ich komme nicht von allein in Schwung.

☐ ☐ ☐ 10. Ich habe fast immer recht.

☐ ☐ ☐ 11. Ich erledige meine Aufgaben so perfekt wie möglich, und ich erwarte von anderen, daß sie genauso arbeiten.

☐ ☐ ☐ 12. Für mich ist ganz entscheidend, daß die mir wichtigen Menschen mich für angenehm halten.

☐ ☐ ☐ 13. Ich weiß, wie ich mich selbst »vermarkten« kann.

☐ ☐ ☐ 14. Ich erinnere mich gern an die Vergangenheit, auch wenn sie bittersüß war.

☐ ☐ ☐ 15. Es fällt mir schwer, aus mir herauszugehen oder um Hilfe zu bitten.

☐ ☐ ☐ 16. Ich bin im Grunde ein maßvoller Mensch.

☐ ☐ ☐ 17. Ich wünschte, andere Leute würden es sich leichter machen.

☐ ☐ ☐ 18. Ich sehe die schwachen Punkte bei anderen. Ich weiß, wie ich sie aufdecken kann – falls es nötig ist.

☐ ☐ ☐ 19. Wenn man die Dinge des Lebens aus einer Distanz von zehn Jahren betrachten würde, wären die meisten es nicht wert, daß man sich über sie aufregt.

☐ ☐ ☐ 20. Für mich ist sehr wichtig, daß ich das Gefühl habe, gebraucht zu werden und für meinen Partner von zentraler Bedeutung zu sein.

☐ ☐ ☐ 21. Ich nehme Verantwortung ernst und gebe mir mehr Mühe als andere.

☐ ☐ ☐ 22. Ich bin ein glücklicher Mensch, der gern gibt, aber wenn ich gekränkt werde, werde ich wütend.

☐ ☐ ☐ 23. Es fällt mir leicht, bei der Arbeit mit einem Team die Initiative zu ergreifen.

☐ ☐ ☐ 24. Ein geschmackvolles Design von Möbeln, Kleidung, Gebrauchsgegenständen und auch Maschinen ist mir sehr wichtig.

☐ ☐ ☐ 25. Oberflächliche Konversation langweilt mich; ich bin lieber allein.

☐ ☐ ☐ 26. Es fällt mir schwer, Aufgaben zu beenden, ob es sich nun um eine Arbeit für die Uni oder Hausarbeit handelt.

☐ ☐ ☐ 27. Wenn die Probleme eines laufenden Projekts kurz vor der Lösung stehen, beginne ich, etwas anderes zu planen.

☐ ☐ ☐ 28. Ich habe kein Vertrauen zu meiner weichen Seite.

☐ ☐ ☐ 29. Ich halte mich nicht für irgendwie bedeutend.

☐ ☐ ☐ 30. Ich bin erfolgreich.

☐ ☐ ☐ 31. Ich ärgere mich über das Verhalten anderer oft mehr, als ich zum Ausdruck bringe.

☐ ☐ ☐ 32. Andere halten mich für herzlich und einfühlsam.

☐ ☐ ☐ 33. Wenn ich mich geschmackvoll anziehe, werde ich wahrgenommen und bringe viel zuwege.

☐ ☐ ☐ 34. Mein persönlicher Stil ist mir sehr wichtig.

☐ ☐ ☐ 35. Ich beobachte lieber, als mit anderen Menschen zu interagieren.

□ □ □ 36. Ich habe oft Angst, falsche Entscheidungen zu treffen.

□ □ □ 37. Wenn wenig gut ist, ist mehr besser.

□ □ □ 38. Ich glaube, daß andere Menschen sich ihre Probleme selbst machen.

□ □ □ 39. Ich mag keine Tätigkeit, bei der ich ständig Entscheidungen treffen muß.

□ □ □ 40. Ich sehne mich oft nach dem, was unerreichbar erscheint.

□ □ □ 41. Ich bin ein ziemlich guter Kritiker, denn ich sehe *immer*, was falsch oder nicht in Ordnung ist.

□ □ □ 42. Ich bin gefühlsmäßig impulsiv und mag es gern, wenn man mich verwöhnt.

□ □ □ 43. Manchmal verhindern meine Leistungen, daß der Rest von mir gesehen wird.

□ □ □ 44. Meine Umgebung beeinflußt meine Stimmungen und mein Interesse an der Arbeit sehr.

□ □ □ 45. Ich mag meine Einsamkeit.

□ □ □ 46. Manchmal besteht die beste Herangehensweise an eine Gefahr in einem starken Angriff, aber ich bin mir einer Angstschwelle in mir durchaus bewußt.

□ □ □ 47. Ich bin ungewöhnlich begeistert von Menschen, Möglichkeiten und der Zukunft.

□ □ □ 48. Wenn ich beleidigt werde, schlage ich zurück.

□ □ □ 49. Im allgemeinen gehe ich den Weg des geringsten Widerstands.

□ □ □ 50. Ich bin scharfsichtig. Ich bemerke das Wesentliche.

□ □ □ 51. Bei Details bin ich im allgemeinen übergenau und sehr diszipliniert.

□ □ □ 52. Ich erwarte, daß mein/e Intimpartner/in oder Freund/in meine Bedürfnisse versteht und sich um sie kümmert.

□ □ □ 53. Ich arbeite schnell und effizient.

☐ ☐ ☐ 54. Manche Menschen beschuldigen mich, launisch und reserviert zu sein.

☐ ☐ ☐ 55. Ich treffe meine Entscheidungen selbst und erledige Dinge auf meine Weise.

☐ ☐ ☐ 56. Bevor ich eine Entscheidung treffe, sammle ich alle Daten, an die ich herankomme, um mich vorzubereiten, aber oft fällt sie mir immer noch schwer.

☐ ☐ ☐ 57. Ich vermeide es meist, in schwierige Angelegenheiten zu geraten.

☐ ☐ ☐ 58. Ich erlaube mir nicht, in die Enge getrieben zu werden oder mich so zu fühlen.

☐ ☐ ☐ 59. Es fällt mir schwer, zuzuhören und aufzupassen.

☐ ☐ ☐ 60. Mich leiten Tradition und Autorität.

☐ ☐ ☐ 61. Wenn ich einen Fehler entdecke, fühlen andere sich unbehaglich, aber meine Absicht ist konstruktiv.

☐ ☐ ☐ 62. Ich mag Routine, Disziplin oder Verantwortung nicht; meine Gefühle sind mir wichtiger als das, was ich tue.

☐ ☐ ☐ 63. Das richtige Netzwerk von Freunden ist für meine Arbeit wichtig.

☐ ☐ ☐ 64. Ich identifiziere mich mit Elite-Maßstäben und habe oft das Gefühl, daß andere dies mißverstehen.

☐ ☐ ☐ 65. Ich benutze meine Privatsphäre, um über Projekte und Dinge nachzudenken, die mich interessieren.

☐ ☐ ☐ 66. Ich bin lieber mit Menschen zusammen, die ähnlich sind wie ich.

☐ ☐ ☐ 67. Ich mache immer Listen von Aktivitäten, Kontakten und Möglichkeiten.

☐ ☐ ☐ 68. Es fällt mir leicht, nein zu sagen und meine Langeweile zum Ausdruck zu bringen.

☐ ☐ ☐ 69. Ich vermeide Konflikte.

☐ ☐ ☐ 70. Spaß zu haben ist für mich vorrangig.

☐ ☐ ☐ 71. Ich weiß immer, was getan werden sollte und müßte.

☐ ☐ ☐ 72. Für mein Selbstwertgefühl ist es sehr wichtig, daß ich attraktiv und aufregend bin.

☐ ☐ ☐ 73. Andere beschreiben mich als arbeitssüchtig.

☐ ☐ ☐ 74. Ich bin selten spontan.

☐ ☐ ☐ 75. Ich vermeide gesellschaftliche Ereignisse, wann immer es geht.

☐ ☐ ☐ 76. Ich scheine Gefahr und Bedrohung mehr zu spüren als andere.

☐ ☐ ☐ 77. Noch bevor eine Sache beendet ist, füllen auch schon verschiedene andere Projekte meinen Zeitplan.

☐ ☐ ☐ 78. Ich bekomme, was ich will, und setze notfalls Einschüchterung ein.

☐ ☐ ☐ 79. Nichts ist so dringend, als daß es nicht bis morgen warten könnte.

☐ ☐ ☐ 80. Ich spreche offen und komme zur Sache.

☐ ☐ ☐ 81. Eher als das Chaos erlauben Verhaltensnormen wahre Freiheit, und wir sollten sie unter allen Umständen beibehalten.

☐ ☐ ☐ 82. Kinder und andere Schutzbedürftige ziehen mich mehr an als alles andere.

☐ ☐ ☐ 83. Ich mag Beifall, der mir zeigt, daß meine Leistung als gut beurteilt wird, und Auszeichnungen aller Art.

☐ ☐ ☐ 84. Symbole ziehen mich an.

☐ ☐ ☐ 85. Ich bin still und aufmerksam und lasse in den meisten Situationen andere die Initiative ergreifen.

☐ ☐ ☐ 86. Ich identifiziere mich in den meisten Situationen mit dem Unterlegenen.

☐ ☐ ☐ 87. Ich beschäftige mich mit vielen Dingen, vielen Menschen, und habe ständig eine Sache am Laufen.

☐ ☐ ☐ 88. Ich mache meine eigenen Regeln; andere können sie übernehmen oder nicht.

☐ ☐ ☐ 89. Ich beruhige andere.

☐ ☐ ☐ 90. Ich bin umgänglich, und man kann gut mit mir auskommen.

☐ ☐ ☐ 91. Ich bewerte und beurteile mein Verhalten und das anderer.

☐ ☐ ☐ 92. Ich bin dafür bekannt, daß ich Trost und Rat gebe.

☐ ☐ ☐ 93. Wenn ich an die Vergangenheit denke, rufe ich mir eher meine Leistungen ins Gedächtnis zurück, als über Fehler nachzugrübeln.

☐ ☐ ☐ 94. Ich bin entweder drin oder draußen, heiß oder kalt, high oder down – die Mitte interessiert mich nicht besonders.

☐ ☐ ☐ 95. Ich passe auf meine Zeit gut auf und verschwende sie nicht.

☐ ☐ ☐ 96. Ich spüre mehr, als mir gesagt wird.

☐ ☐ ☐ 97. Ich finde das Leben total faszinierend.

☐ ☐ ☐ 98. Ich lechze nach mehr von allem – Essen, Sex, Macht.

☐ ☐ ☐ 99. Warum stehen, wenn man sitzen kann? Warum sitzen, wenn man liegen kann?

**Auswertung:** Die zweite Ziffer jeder Frage zeigt den entsprechenden Enneagramm-Ich-Zustand (d. h. die Fragen 05, 15, 35 usw. verweisen auf den Enneagramm-Ich-Zustand FÜNF). Wenn die Nummer der Frage mit 0 endet, verweist die erste Ziffer auf den Enneagramm-Ich-Zustand (auch die Frage 50 bezieht sich also auf den Enneagramm-Ich-Zustand FÜNF).

Zählen Sie, wie oft Sie jeden Ich-Zustand in der Spalte STARK angekreuzt haben. Multiplizieren Sie die Anzahl mit 2 und tragen Sie das Ergebnis in die unten stehende Übersicht ein. Zählen Sie dann, wie oft Sie bei den einzelnen Ich-Zuständen die Spalte MITTEL angekreuzt haben, und tragen Sie die entsprechende Zahl ebenfalls in die Übersicht ein.

| Ennea-gramm | EINS | ZWEI | DREI | VIER | FÜNF | SECHS | SIEBEN | ACHT | NEUN |
|---|---|---|---|---|---|---|---|---|---|
| stark x 2 | | | | | | | | | |
| mittel | | | | | | | | | |
| total | | | | | | | | | |

Schreiben Sie die Gesamtpunktzahl für jeden Enneagramm-Zustand in die Enneagramm-Abbildung.

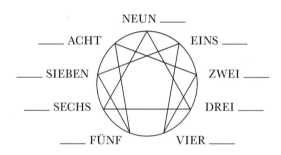

Im allgemeinen haben wir in drei oder vier Ich-Zuständen hohe Punktzahlen. Sie können einen Ich-Zustand als Subpersönlichkeit betrachten, die Sie unter bestimmten Bedingungen benutzen; zum Beispiel verhalten Sie sich anders, wenn Sie unter Streß stehen. Der neunspitzige Enneagramm-Stern deutet eine Verwandtschaft zwischen den von Ihnen erlebten Ich-Zuständen an. Die Verbindungslinien, die dies im Stern darstellen, werden im Kapitel über die Subtypen ausführlicher erörtert.

Wenn Sie die Fragen auswerten, wissen Sie, wo Sie stehen und von wo aus Sie über sich nachdenken können. Das nächste Kapitel nennt die Charakterzüge, die jedem Ich-Zustand zugeordnet werden. Sie können sich die Ich-Zustände ansehen, bei denen Sie die höchsten Punktzahlen erreicht haben, und entscheiden, ob sie zu Ihren Charakteristika passen. Es ist nicht einfach, sich selbst objektiv zu sehen. Wenn Sie sich mit dem Enneagramm beschäftigen, betrachten Sie Schattenaspekte, die bewußt schwer zu akzeptieren sind. Aber wenn recht viele

Stichworte einer »Worttraube« sich vertraut anfühlen, lohnt es sich, sich den Charakterzug näher anzusehen, bei dem Sie sich unbehaglich fühlen.

Zunächst noch ein Wort der Warnung zu Tests und Etiketten: Enneagramm-Tests haben Grenzen. Einige von uns untertreiben ihre Vorzüge, andere identifizieren sich mit vielen Punkten zu stark. Die Beschreibungen werden bei verschiedenen Menschen verschiedene Bilder heraufbeschwören. Die spirituelle Entwicklung und unsere Lebenserfahrungen, zum Beispiel die Mutterschaft, können unsere ursprüngliche Egozentrik verändern. Wenn Sie die anderen Übungen in diesem Buch gemacht haben, werden Sie die Fragen vielleicht noch einmal durchgehen wollen, um zu sehen, wie Ihr Verständnis sich verändert hat.

Kapitel 3

# Enneagramm-Persönlichkeiten auf einen Blick

*Ein Kreis mit Bündeln von Enneagramm-Charakterzügen
– und Beispielen*

Die Wortbündel bei jedem Punkt bzw. Persönlichkeitstyp nennen die ihm zugeordneten Charakterzüge und Themen. Die Eigenschaften sind das Ergebnis von Entscheidungen, die wir in der frühesten Kindheit getroffen und seit langem vergessen haben. Unsere Eltern haben sowohl ihr bewußtes als auch ihr unbewußtes Verständnis von den Möglichkeiten und Gefahren des Lebens an uns weitergegeben. Als Säuglinge haben wir einen Teil dieser Information aufgenommen. Als wir Kleinkinder waren, wurde sie durch unsere Erfahrungen mit den Menschen verstärkt, aus denen unsere Familie und unsere Umgebung bestand. Wir nahmen ihre Botschaften in uns auf und wandten sie auf unsere Lebensumstände an. Mit der Zeit verfestigten unsere Reaktionen sich zu einem der Enneagramm-Muster.

Über jedem Wortbündel steht zunächst das **Lebensskript-Programm**, das das Muster benennt. Das Enneagramm-Programm EINS zum Beispiel *(Perfektion und Groll)* mißt richtigem Handeln und harter Arbeit einen hohen Wert bei. Dieses Programm würden wir gern bei unserem Automechaniker oder un-

# Enneagramm-Persönlichkeiten auf einen Blick

### Erklärung der Programme

Das Einteilen beginnt mit dem Benennen. Die Enneagramm-Punkte werden normalerweise mit einer Ziffer und der Verzerrung des Ich-Zustands bezeichnet. Wir betrachten die Verhaltensbündel als Programme, das heißt als äußere Anzeichen einer systematischen Art und Weise, Informationen über die Außenwelt aufzunehmen, unsere Gefühle zu organisieren und unsere Handlungsmöglichkeiten zu begrenzen.

a) **Lebensskript-Programm** – Die Programmbezeichnungen enthalten eine Spannung. Der erste Ausdruck ist gewissermaßen die Rechtfertigung des gewählten Verhaltens, zum Beispiel Perfektion oder Hilfsbereitschaft. Diese Eigenschaft hat jedoch einen süchtigen bzw. zwanghaften Aspekt. Der zweite Ausdruck, der negative Begleiter der Rechtfertigung, enthält eine starke Energie zur Veränderung. Aber die entsprechende Eigenschaft muß verwandelt werden, bevor sie benutzt werden kann.

b) **Selbstbeschreibung** – Ein Satz, den der Betreffende verwenden könnte, um sein Verhalten zu beschreiben. Die EINS zum Beispiel sagt: »Ich arbeite hart«.

c) **Schattenthema** – Das negative Thema oder Attribut, mit dem der Betreffende ringen muß, um seine Ganzheit zu erreichen, zum Beispiel bei der VIER: Neid.

d) **Sucht** – Ein Zwangsverhalten, das der Betreffende als Grundbedürfnis betrachtet. Zum Beispiel der Perfektionismus der EINS.

e) **Abgelehntes verwandelndes Element** – Ein übersehenes oder vermiedenes Gefühl oder Erlebnis, das zur Ganzwerdung notwendig ist. Wenn etwa die ACHT ihre Schwäche zuläßt, wird Heilung möglich.

f) **Abwehrmechanismus** – Die charakteristische psychologische Abwehrhaltung, die der Betreffende bei Streß benutzt (eine der Formen von Kampf, Flucht oder Unterwerfung). Zum Beispiel die Unterdrückung des Selbst bei der ZWEI.

g) **Redeweise** – Sich wiederholende Arten des Redens, zum Beispiel die Anekdoten der SIEBEN.

h) **Benötigte Stärke** – Die besondere Eigenschaft, die der Betreffende durch bewußte Arbeit mit den Problemen und Themen seines Programms erwirbt. Die SIEBEN zum Beispiel erreicht durch die Überwindung der Unersättlichkeit Mäßigung und Gleichgewicht.

i) **Psychologische Störung** – Die Art der seelischen Krankheit, zu der es bei extremen Belastungen kommt. Zum Beispiel die Paranoia der SECHS.

 NEUN
a) Friedfertigkeit/Trägheit & Unschlüssigkeit
b) »Ich bin umgänglich«
c) Faulheit
d) Unschlüssigkeit
e) Konflikt
f) zwanghaftes Denken
g) epische Erzählungen
h) aktive Liebe
i) Passiv-aggressive Persönlichkeit

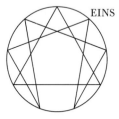 EINS
a) Perfektion & Groll
b) »Ich habe recht. Ich arbeite hart«
c) Zorn
d) Perfektion
e) offene Wut
f) Reaktionsbildung
g) Predigen und Belehren
h) Nachsicht
i) Zwanghafte Persönlichkeit

 ZWEI
a) Hilfsbereitschaft & Manipulation
b) »Ich bin hilfsbereit«
c) Stolz
d) Dienen
e) eigene Bedürfnisse
f) Verdrängung
g) Rat und Hilfe
h) Demut & angemessene Selbstachtung
i) Hysterische Persönlichkeit

 DREI
a) Leistung & Image
b) »Ich bin erfolgreich«
c) Täuschung
d) Effizienz
e) Versagen
f) Identifikation
g) Werbung für die eigene Person
h) Hoffnung
i) arbeitssüchtig

 VIER
a) Außergewöhnlichkeit & launische Nostalgie
b) »Ich bin einzigartig«
c) Neid
d) Elitäres Verhalten
e) das »Gewöhnliche«
f) Introjektion/Sublimation
g) Traurige Geschichten
h) Zufriedenheit
i) Depression

34

**FÜNF**

a) *Wissen & Rückzug*
b) *»Ich habe ein geschärftes Wahrnehmungsvermögen«*
c) *Habsucht*
d) *Wissen*
e) *Leere*
f) *Isolierung/Segmentierung*
g) *Vorträge*
h) *Loslassen*
i) *Vermeidende Persönlichkeit*

**SECHS**

a) *Sicherheit & ängstliche Zweifel*
b) *»Ich bin treu«*
c) *Feigheit/Waghalsigkeit*
d) *Sicherheit*
e) *Abweichung*
f) *Projektion*
g) *Gruppendenken*
h) *Vertrauen*
i) *Paranoide Persönlichkeit*

**SIEBEN**

a) *Unbekümmerter Optimismus & nervöse Aktivität*
b) *»Ich sehe die Sonnenseite«*
c) *Unersättlichkeit*
d) *Idealismus*
e) *Schmerz*
f) *Rationalisierung*
g) *Anekdoten*
h) *Mäßigung/Gleichgewicht*
i) *Narzißtische Persönlichkeit*

**ACHT**

a) *Selbstgerechtigkeit & Arroganz*
b) *»Ich bin stark«*
c) *Wollust*
d) *Arroganz/Rache*
e) *Schwäche*
f) *Leugnung*
g) *Imperative*
h) *Vertrauen*
i) *Soziopath*

*Schlüssel:*
a) **Lebensskript-Programm**
b) **Selbstbeschreibung**
c) **Schattenthema**
d) **Sucht**
e) **Abgelehntes verwandelndes Element**
f) **Abwehrmechanismus**
g) **Redeweise**
h) **Benötigte Stärke**
i) **Psychologische Störung**

serem Chirurgen sehen. Wir schätzen es bei Technikern. Wir schreiben es den Deutschen zu, deren hohe Maßstäbe für Qualitätsarbeit bekannt sind. Wir assoziieren es mit Vaterfiguren und ältesten Kindern, die sich früh im Leben der Erwachsenenwelt anpassen müssen.

Die Perfektion rechtfertigt das Verhalten, ist aber oft für den Betreffenden ein Zwang. Deshalb wird *Perfektion* auch als die **Sucht** aufgeführt, als zwanghaftes Element in der Persönlichkeit. Alex, als Ingenieur beruflich ständig mit der Lösung von Problemen befaßt, sieht automatisch, was nicht in Ordnung ist oder der Korrektur bedarf. Er ist von unschätzbarem Wert, wenn es darum geht, die »Bazillen« in komplexen Telefonsystemen zu finden. Aber sein Zwang wird zu einem Problem, wenn er ihn mit nach Hause nimmt. Er sieht das nicht abgewaschene Geschirr im Spülbecken und die im ganzen Haus verstreuten Sportsachen. Er schnaubt vor Wut. Weil ihm so bewußt ist, was seine Frau und sein Sohn tagüber *nicht* getan haben, kann er sich über ihr lebendiges Zuhause nicht freuen.

Das Muster beschreibt einen Kreis: Der erste Begriff bei jedem Lebensskript-Programm nennt sowohl den gesuchten Wert als auch seine Verzerrung in der Sucht.

Betrachten wir das Wort »Manipulation« im Programm ZWEI, *Hilfsbereitschaft und Manipulation*. Oft wählen Menschen, die sich unterlegen oder zweitrangig fühlen, dieses Programm. Eine andere Person beherrscht die Situation, aber die ZWEI kann für diesen Menschen äußerst wichtig sein. Sie kann einen mächtigen Partner oder Chef psychisch und physisch unterstützen und verschiedene seiner Bedürfnisse befriedigen. Dies garantiert zumindest ihr Überleben und oft beträchtliche, uneingestandene Macht. Die Macht entstammt der *Manipulation* des anderen. Dieser Teil des Programms hängt daher eng mit dem angeführten Schattenthema zusammen.

Für die ZWEI ist *Stolz auf die Verbindung* der Schatten (zum Beispiel: Meine Frau, die Vorsitzende des Tierschutzvereins; mein Chef, der Bundestagsabgeordnete; meine Tochter, die Schriftstellerin). Denken Sie an die vielen Witze, die Sie über possessive, kontrollierende Mütter gehört haben, und sehen Sie sich die nebenstehende Karikatur an.

Die Enneagramm-Rolle ZWEI ist natürlich nicht auf Frauen beschränkt.

Der Satz in Anführungszeichen direkt unter dem Lebensskript-Programm ist eine Selbstbeschreibung, mit der der Betreffende sich wohlfühlt (die EINS zum Beispiel sagt gern: »Ich arbeite hart«, die ACHT: »Ich bin stark«).

Das **Schattenthema** bzw. das verborgene Verhalten jeden Enneagramm-Musters klingt schrecklich negativ, hat aber eine interessante Qualität. Wenn es sichtbar gemacht wird, enthält

es eine unerwartete Stärke. Wir gewinnen diese Stärke durch das Ringen mit unseren uneingestandenen Aspekten. Sagen und Märchen verwenden dazu die folgende Metapher: Der Held verläßt sein Zuhause, findet den Drachen und tötet ihn. Dies ist anstrengend, führt aber zu persönlicher Freiheit.

Viele Frauen haben das ZWEIer-Programm aufgegeben, beschlossen, sich *selbst ihre Bedürfnisse* zu erfüllen (**abgelehntes verwandelndes Element**) und festgestellt, daß dadurch ihre Ehe stark erschüttert wurde. (Das **verwandelnde Element** ist ein übersehenes, vermiedenes Gefühl oder Erlebnis, das zur Ganzwerdung notwendig ist.) Die amerikanische Comic-Serie *Doonesbury* greift dieses Thema auf. Der männliche Held, BD, bricht zum Persischen Golf auf, und Boopsie, seine Liebste, schließt sich einer Frauenselbsthilfegruppe an, lernt, das Motorrad instandzusetzen, selbständig Entscheidungen für sich zu treffen und das Kleingedruckte in ihrem Filmvertrag zu lesen. Sowohl ihr Agent Sid als auch BD sind entsetzt. Keiner von ihnen möchte eine Beziehung zu einer Frau, die nicht auf fremde Hilfe angewiesen ist.

Wir vermeiden das verwandelnde Element aus einem guten Grund. Es kann tödlich sein, wenn wir nicht die Stärke entwickeln, die notwendig ist, um mit ihm umzugehen. Betrachten wir die Ablehnung dessen, was wir brauchen, am Beispiel von Programm DREI. Für die DREI ist das verwandelnde Element *Versagen.*

Wir assoziieren das Programm DREI mit dem Bild des erfolgreichen Karrieretyps, mit einem Kämpfer oder einem Helden. Es ist häufig ein männliches Programm, aber auch Frauen
können es bei allem zeigen, was eine zählbare, meßbare Leistung zuläßt. Immer dann, wenn unser Selbstwertgefühl auf
unserem Selbstbild beruht, sind wir versucht, es auf Kosten
der Wahrheit zu schönen. Selbsttäuschung, Überhöhung und
*die Werbung für die eigene Person* gehen Hand in Hand. Leute, die
mit Marketing, Werbung und Immobilien zu tun haben,
Schauspieler, Verkaufsförderer, Börsenmakler, Geschäftsleute
und alle Berufe, die ihre Dienste verkaufen wollen, sind ein
Ort für die DREIer-Persönlichkeit.

Aber zurück zum verwandelnden Element, Versagen. Wie
funktioniert es? Wie bringt es die DREI zu einer Selbsterkenntnis, die der Wahrheit entspricht? Durch das Versagen bricht
die falsche Selbsteinschätzung zusammen. Eine Selbsttäuschung ist nicht mehr möglich. Zunächst fühlt die DREI sich
wertlos – was genauso falsch ist, aber vorübergeht, wenn sie
ihre Aufgabe versteht, denn dies ist der Drache, den sie bändi-
gen muß. Über- und Unterbewertung sind beide *Täuschung.*
Wir können beide mißbrauchen, um Entscheidungen zu recht-
fertigen, die das Leben für uns oder andere begrenzen. Was wir
brauchen, ist eine bessere Verbindung zu unseren instinktiven
Gefühlsreaktionen auf andere Menschen und spezifische
Schwierigkeiten. Ein Beispiel:

*Burt ist einer der Spitzen-Leute in seiner Firma. Als er ein kleines*
*Kind war, beschämte sein Vater ihn, wenn er seinen Gefühlen nach-*
*gab. Als Heranwachsender spottete sein Vater über ihn, weil er Ge-*
*dichte schrieb. Erbittert beschloß Burt, seinem Vater zu zeigen, daß*
*er ihn auf seinem eigenen Terrain schlagen konnte. Als Geschäfts-*
*mann gelang es ihm. Aber er bezahlte denselben Preis wie sein Va-*
*ter, das Versagen in der Beziehung. Dreißig Jahre später hatte er*
*seinen Wert bewiesen; er hatte eine begehrenswerte Frau, zwei Söhne*
*auf den besten Schulen und eine Position als Abteilungsleiter in*
*einer multinationalen Firma – was konnte ihm passieren?*

*Er hatte die Anfänge nicht beachtet. Beide Söhne waren geboren worden, als er geschäftlich viel unterwegs war. Seine Frau fühlte sich in kritischen Zeiten, wenn Entscheidungen für die Familie anstanden, allein gelassen. Ihre konkurrierenden, hitzigen Konflikte nährten lange Zeit nur die Leidenschaft, die er für sie empfand. Er hatte immer noch das Gefühl, ein Gewinner zu sein und alles zu haben, als die Wut ihre Liebe bereits unterminierte.*

*Als die Mutterpflichten seiner Frau geringer wurden, erkannte sie ihr Verlangen. nach einem eigenen Leben und handelte entsprechend. Burt war am Boden zerstört.*

*Dieses eine Versagen war der schmerzvolle Beginn einer langen Reise. Er mußte seinem Vater wiederbegegnen und zugeben, wie der Groll sein Leben geformt hatte. Er mußte den dichtenden Jüngling seiner Pubertät wiederfinden, der immer noch Gefühle hatte. Er mußte sich und seiner Frau vergeben, als er erkannte, daß das ›Versagen‹ ihm die Tür zur eigenen Ganzheit wieder geöffnet hatte.*

Die Sucht nach Erfolg kann genauso tödlich sein wie jede andere Sucht, aber das, was der Süchtige vermeidet, kann zum Ausweg werden. Nur das Scheitern seiner Ehe konnte Burt dazu bringen, die Art und Weise in Frage zu stellen, in der er sein Leben aufgebaut hatte. Alles andere sagte ihm, daß er erfolgreich war. Auf der Suche nach dem Grund seines Scheiterns fand er sich selbst.

Die einzelnen Elemente der Wortbündel haben eine logische Beziehung zueinander. Die *Sucht* zum Beispiel ist ein Zwang. Die *benötigte Stärke* ist eine Eigenschaft, die durch die Arbeit an den Problemen des Punkts erreicht wird. Der *Abwehrmechanismus,* die Strategie unter Streß, ist nicht nur eine Abwehrhaltung, sondern auch eine Möglichkeit, die notwendige Arbeit zu vermeiden. Die genannte Abwehrhaltung tritt nicht ausschließlich bei diesem Punkt auf und ist auch nicht die einzige, die benutzt wird. Aber sie fühlt sich besonders richtig an und fällt leicht. All diese Elemente entwickeln sich aus dem Schattenthema.

Um die Beziehung zwischen den einzelnen Elementen zu illustrieren, wollen wir das Enneagramm-Programm FÜNF betrachten.

Das ist eine interessante Frage, aber ich fürchte, ich weiß keine Lösung.

*Isolierung und Segmentierung* sind die automatischen Abwehrmechanismen einer gestreßten FÜNF. Als Kind hat sie gelernt, die isolierte Position eines äußeren Beobachters einzunehmen, um mit Eltern zurechtzukommen, die emotional zudringlich waren oder keine Zuneigung gaben. Solche Kinder ziehen sich in die Welt der Information, der Phantasie, der Reflexion zurück.

Die von ihnen gewählte Abwehrhaltung hat eine enge Beziehung zu ihrem Schattenthema – *der Habgier,* und ihrer Sucht, *Wissen.* Wissen ist nicht Weisheit. Die aufgenommenen Informationen enthalten immense Widersprüche. Um nicht von Da-

Dann kam Howard vorbei. Er war Kanadier, aber er konnte kein Nest bauen, der Arme. Aber wir haben viel zusammen gelacht, Howard und ich. Ich erinnere mich, wie er einmal ...

ten gefesselt zu werden und sich mit ihren Diskrepanzen beschäftigen zu müssen, *und* um weiter riesige Informationsmengen anzusammeln, lernt die FÜNF, *zu segmentieren*. Sie steckt ihre Daten in Schubladen, die in sich selbst folgerichtig sind – religiöse Werte in die eine Schublade, ökonomische Nachrichten in die andere. Danach braucht die FÜNF sich solange nicht mit den Widersprüchen zwischen den Schubladen zu beschäftigen, bis sie dazu bereit ist. Wissen, das gehortet und nicht angewandt wird, verliert seine Bedeutung und seine Lebendigkeit.

Der **psychologische Abwehrmechanismus** funktioniert genauso. Die FÜNF kann weiter in Umständen leben, die unmöglich wären, wenn sie sich die Implikationen dieser Umstände klarmachen würde. Wenn ein Mensch seine Gefühle in Schubladen einteilt und sie von ethischen Kodizes oder ökonomischen und sozialen Daten trennt, kann er Entscheidungen treffen, die persönlichen Komfort oder Sicherheit gestatten, aber die menschliche Gerechtigkeit und das Gemeinwohl vergewaltigen. Wenn wir Obdachlose als »von uns verschiedenes

Straßenvolk« betrachten, nehmen wir eine subtile Verlagerung der Perspektive vor, die dem Opfer die Schuld gibt und verhindert, daß wir unsere politische Beteiligung an der Verteilung der Güter in Frage stellen. Die **Redeweise,** eine sich wiederholende Art des Redens, entspricht ebenfalls der inneren Logik jeder »Worttraube«. Unser Enneagramm-Muster beeinflußt jeden Aspekt unseres Lebens. Betrachten Sie das Interesse der EINS am Herausfinden der Regeln; »Predigen und Belehren« ist das natürliche Ergebnis. Die SIEBENer-Persönlichkeit, deren spezielle Gabe ihre Leichtigkeit im geselligen Umgang ist, unterstreicht dies durch ihr Talent für *Anekdoten.* Die ACHT, die Ereignisse im allgemeinen vom Standpunkt ihrer Macht aus definiert, hat eine natürliche Neigung zu Imperativen. Die Neun mit ihrer trägen Neigung, nicht Stellung zu beziehen, gibt statt dessen die Ereignisse ihres Leben als Saga oder *epische Erzählung* wieder.

Ein letztes Element bleibt zu betrachten: Jeder Enneagramm-Typ hat eine charakteristische **psychologische Störung.** Auch sie hängt mit dem Abwehrmechanismus zusammen. Nehmen wir als Beispiel Punkt SECHS. Die Abwehrhaltung der *Projektion* ist allen Punkten gemeinsam, denn wie zuvor erwähnt erfahren wir etwas über unsere unbewußten Tendenzen, indem wir sie zunächst anderen Menschen zuschreiben. Die SECHS jedoch treibt dies zum Extrem. Sie findet die effektiv vorhandenen »Haken« anderer Menschen, um ihre Projektion an ihnen aufzuhängen. Fakten sind Fakten, nicht nur Projektionen. Dies macht die SECHS sehr empfänglich für Einzelheiten, die den meisten Menschen entgehen. Bei massiven persönlichen Störungen und Belastungen jedoch bauscht die SECHS die äußeren Daten bis zum pathologischen Extrem, der *Paranoia,* auf, und sieht nur das, was sie sehen will. Ein Bezug zur Realität ist dann kaum noch gegeben.

Diese innere Ordnung und logische Konsistenz gilt für alle Punkte auf dem Kreis.

Die Lebensskript-Programme über jedem Wortbündel können die Komplexität eines individuellen Lebens natürlich nicht

# Enneagramm-Lebensskript-Programme

NEUN

*Die **NEUN**er-Strategie entsteht durch die Selbstwahrnehmung, nicht wichtig genug zu sein, um geliebt zu werden. Das Kind wendet dies nach außen. Nichts (und niemand) ist wichtiger als irgend etwas anderes.*

EINS

*Die **EINS**er-Strategie besteht darin, die Spielregeln herauszufinden und zu beherrschen, um gute Arbeit zu leisten und so Bestätigung oder gar Liebe zu erwerben. Sie möchte ein Werkzeug haben, um andere und ihren eigenen Platz im Verhältnis zu ihnen beurteilen zu können.*

ZWEI

*Bei der **ZWEI**er-Strategie beschließt das Kind, dadurch zu überleben, daß es spürt, was der mächtige Andere will, und sich entsprechend verändert bzw. das Gewünschte verschafft.*

DREI

*Die **DREI**er-Strategie ist darauf ausgerichtet, Aktivitäten und Eigenschaften zu finden, die die weitestmögliche Bestätigung finden. Das Kind erschafft mit Hilfe dieser Eigenschaften sein Image, um das Gefühl zu vermeiden, nicht akzeptiert zu werden.*

VIER

*Das Kind entwickelt die **VIER**er-Strategie, um die lähmende Depression zu verhindern, die es bei einem tatsächlichen Verlust erlebt. Danach wird ein völliges emotionales Engagement in jeder aktuellen Beziehung vermieden. Nach dem realen Verlust füllt das Kind sein Leben mit Phantasie, legt Geschehenes symbolisch aus und unternimmt eine Gratwanderung zwischen seiner Sehnsucht nach Nähe und nach Zerstörung.*

FÜNF

*Das **FÜNF**er-Kind kommt zu dem Schluß, daß andere Menschen etwas für sein Überleben Wesentliches bedrohen. Es entwickelt zu seinem Schutz die Strategie, sich möglichst unauffällig zu verhalten, seine Existenz zu tarnen und seine Bedürfnisse auf ein Minimum zu reduzieren, um möglichst unbemerkt zu bleiben. Es entdeckt, daß es so ungestört seinen eigenen Interessen nachgehen kann.*

SECHS

*Die **SECHS**er-Strategie ist darauf ausgerichtet, sich auf die Gefahr zu konzentrieren, die Umgebung nach allen möglichen Bedrohungen abzukämmen und das Verhalten so einzustellen, daß ihnen ausgewichen werden kann. Die Alternative besteht darin, der Gefahr ins Auge zu sehen und sie auf diese Weise zu entschärfen.*

SIEBEN

*Die Wahl der **SIEBEN**er-Strategie hat drei Elemente. Erstens ist es schwierig, ein Ziel zu treffen, das sich bewegt; die SIEBEN entzieht sich der Bedrohung daher durch schnelle Bewegung. Zweitens garantiert eine Vielzahl von Interessen, daß nichts und niemand je so wichtig wird, daß ein Verlust sich verheerend auswirken würde. Drittens nehmen die Interessen selbst einen so großen Raum ein, daß keine Energie übrigbleibt, um sich mit weniger angenehmen Dingen zu beschäftigen.*

ACHT

*Die **ACHT**er-Strategie zielt auf Kontrolle und emotionale Dominanz. Das Kind beschließt, lieber selbst die Spielregeln zu bestimmen, als sich von ihnen bestimmen zu lassen. Im Gefühl seiner vermeintlichen Macht leugnet das Kind seine eigene Verletzlichkeit.*

abdecken. Sie nennen nur ein oft vorhandenes, ihm zugrunde-
liegendes Thema. In *Transformiere deinen Schatten – Die Psychologie
des Enneagramms* habe ich die Lebensskripte erklärt und ausführlicher dargestellt. Im vorliegenden Arbeitsbuch können Sie
mit Hilfe der Übungen in Kapitel 4 Ihr Verständnis weiterent-
wickeln.

Kapitel 4

# Übungen in Rollenspiel und Rollentausch

*Ihre neun Enneagramm-Charaktere –
Eine Aufwärmübung und eine Reihe von Fragen aus der Sicht
jeden erfundenen Charakters*

Der hier beginnende Arbeitsteil des Buches stellt ein Verfahren zur Verfügung, mit dessen Hilfe wir erkunden können, wie Gefühle und Empfindungen bei den neun verschiedenen, als Enneagramm-Persönlichkeitstypen bekannten Programmen interagieren. Die Übungen helfen uns, unser eigenes Leben zu erforschen und die Gedankenwelt von Menschen zu betreten, die wir als von uns verschieden betrachten. Bei diesen Übungen sollen wir unsere normalen Reaktionen loslassen und mit den Eigenschaften des jeweiligen Charakters antworten.

**Freiwillige Aufwärmübung:** Manchmal kommen wir zu einem über Worte hinausgehenden Verständnis, wenn wir beim Denken mit Material aus der bildenden Kunst, mit Ton oder Farben arbeiten. Daher kann die folgende Einstimmung auf die Übungen durchaus nützlich sein. Sehen Sie sich die Eigenschaften der Kurzbeschreibung eines Punktes noch einmal an, nehmen Sie zwei verschiedenfarbige Filzstifte und kritzeln Sie zwei oder drei Minuten lang herum, während Sie sich in den beschriebenen Charakter einfühlen.

Denken Sie an Menschen, die Sie gekannt haben, über die Sie gelesen haben, die Sie in einem Film oder Theaterstück gesehen haben und auf die die Beschreibung paßt. Überlegen Sie, was Sie an solchen Menschen besonders schätzen. Ihre Zeichnungen brauchen keine Gesichter oder Gestalten zu sein, sondern nur Gekritzel! Datieren Sie sie und vermerken Sie den jeweiligen Typ. Wenn Sie sie später noch einmal ansehen, stellen Sie vielleicht fest, daß Sie mehr bemerkt haben, als Ihnen klar war.

Sie können die Übungen im Dialog mit einem Partner machen, oder Sie schreiben Ihre Antworten direkt ins Buch. Wechseln Sie sich ab, wenn Sie mit einem Partner arbeiten: Der eine beantwortet die Fragen und erkundet die besondere Gabe dieses Punktes, seine Schatteneigenschaft und das abgelehnte bzw. vernachlässigte verwandelnde Element, der andere hört zu. Machen Sie sich ein paar kurze Notizen, wenn Sie fertig sind, damit Ihre Einsichten nicht gleich wieder weg sind.

Schatz, du rauchst schon wieder.

*Enneagramm-Punkt EINS*

Denken Sie zuerst an einen Menschen, auf den die Beschreibung von Punkt EINS paßt – einen perfektionistischen Chef, Reformer oder Lehrer – einen Charakter, wie ihn Jack Lemmon in *Ein seltsames Paar* spielt – jemanden, der kompetent und rechtschaffen ist, aber im Kopf eine Liste von Dingen mit sich herumträgt, die ihn ärgern; jemanden wie den Literaturkritiker Marcel Reich-Ranicki; den Fernsehmoderator und Journalisten Günther Jauch; oder Harrison Ford in *Mosquito Coast*. Auch Dorothy in den *Golden Girls* ist eine typische EINS. Vielleicht denken Sie auch an einen dunkleren Charakter. Haben Sie diesen Menschen im Sinn, wenn Sie sich über die Eigenschaften von Punkt EINS Gedanken machen:

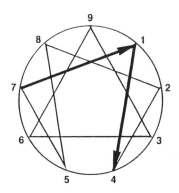

**Lebensskript:** *Perfektion und Groll*
**Besondere Gabe:** *Eine Vision von Gleichgewicht und Vollendung*
**Selbstbeschreibung:** *»Ich habe recht«, »Ich arbeite hart«*
**Schattenthema:** *Wut/Zorn*
**Abgelehntes verwandelndes Element:** *Offen geäußerter Ärger*
**Sucht:** *Perfektion*
**Benötigte Stärke:** *Nachsicht*
**Abwehrmechanismus:** *Reaktionsbildung*
**Psychologische Störung:** *Zwanghafte Persönlichkeit*
**Redeweise:** *Predigen und Belehren*

Punkt EINS besitzt eine besondere Gabe – die Fähigkeit, den ausgewogenen, perfekten Ablauf jeder Aufgabe vor sich zu sehen, sei es nun Hausarbeit, eine Reparaturtätigkeit oder das Managen der Wirtschaft. Unglücklicherweise meint er, seine Sicht besäße absolute Priorität. Menschen und Dinge, die seine Vorstellung behindern, ärgern ihn. Seine Schatteneigenschaft ist Zorn; das abgelehnte verwandelnde Element ist offen geäußerte Wut.

Diese negativen Gefühle scheinen eng verwandt und betreffen direkt das Bild, mit dem die EINS sich identifiziert, aber sie haben Unterschiede. Zorn bzw. Wut können unterschiedlich stark sein, aber sie sind blind. Sie sind ein unkontrollierter, emotional irrationaler Zustand. Der Körper setzt chemische Stoffe frei, die ein gewisses Vergessen des Schmerzes gestatten. Dies ist einer der Gründe, aus denen wir nach Zorn süchtig werden. Chronisch zornige Menschen sind aufgebracht und speisen ihre Wut aus vielen Quellen. Aus der Wut geborene Handlungen sind im allgemeinen als Mittel der Veränderung unwirksam und oft destruktiv.

Ärger andererseits ist ein normales und angemessenes menschliches Gefühl auf etwas, das aufhören oder sich ändern sollte. Ärger erlaubt die Bündelung des rationalen Bewußtseins, so daß das, was nicht zur Sache gehört, herausfällt und das, *was Veränderung braucht, erkannt werden kann*. Das Ausdrücken von Ärger kann der erste Schritt zur Veränderung sein.

Um diese Elemente Ihres Charakters zu erforschen, sollten Sie nicht nur an Ihre eigenen Gefühlsreaktionen auf Ungerechtigkeit denken, sondern auch an die anderer Menschen, die Sie gekannt haben und die dieser Beschreibung gleichen. **Schreiben Sie alles, was Ihnen dazu einfällt, hier her.**

Versetzen Sie sich nun in den gewählten Charakter und lesen Sie die Übung so, als würde dieser Charakter *Ihr* Leben leben, vor den Dilemmas stehen, denen Sie sich gegenübersehen. Sie können sich dies als Erkundung eines inneren, weniger bekannten Teils von sich selbst vorstellen.

Bekommen Sie ein Gefühl für den Körper des Charakters, seine Haltung und Kleidung, und für die Umgebung, in der er sich wohlfühlen würde.

Gestatten Sie sich, mit den Gefühlen im persönlichen, privaten Raum dieses Charakters in Berührung zu kommen.

Übernehmen Sie beim Durchlesen der Fragen Situationen aus Ihrem eigenen Leben.

Betrachten Sie sie aus der Sicht dieses Charakters.

Benutzen Sie die erste Person und das Präsens und schreiben Sie die Antwort des Charakters auf.

Ihr *Enneagramm-Charakter-Punkt EINS* spricht die kursiv gedruckten Sätze. (Vielleicht wollen Sie sie bearbeiten oder umschreiben, damit sie der Redeweise Ihres Charakters näherkommen.) Sie schreiben aus der Sicht des von Ihnen gewählten Charakters, beschreiben bei der Beantwortung der Fragen aber Ereignisse aus Ihrem eigenen Leben.

**Die Anweisungen zu den Übungen sind fett gedruckt.**

*Der Charakter spricht: Ich definiere mich dadurch, daß ich recht habe, die richtige Antwort weiß, aufmerksam gegenüber Einzelheiten bin und hart arbeite. Ich weiß, wie die Dinge sein sollten. Aber manchmal denke ich, daß ich durch meine Konzentration auf die Arbeit die Schlacht gewinne und den Krieg verliere. Ich schneide mich von Spaß und anderen Vergnügungen ab. Meine Aufmerksamkeit gegenüber dem, was »nicht stimmt« (anstatt daß ich das beobachte, »was stimmt«), verbraucht sehr viel von meiner Energie.*

**Denken Sie an Verstimmungen im Bereich der Sexualität.**
*Zum Beispiel: Ich gebe eine erotische Massage; mein Einfühlungsvermögen in die Reaktionen meines Partners/meiner Partnerin befriedigt mich, aber ich ärgere mich, wenn ich nicht auch eine Massage bekomme.*

**Schreiben Sie Ihre Version auf.**

**Nennen Sie eine Aufgabe, bei der Groll Ihnen schwerfällt.**
*Zum Beispiel: Ich komme nach Hause, nachdem ich den ganzen Tag gearbeitet habe. Die Wohnung ist ein Saustall. Es wird nicht nur von mir erwartet, daß ich Geld nach Hause bringe, sondern auch, daß ich einkaufe, saubermache, koche, die Wäsche wasche und den Hund spazierenführe. Niemand sonst übernimmt diese Verantwortlichkeiten.* **Schreiben Sie Ihre Version auf.**

**Was würde sich ändern, wenn Sie Ihren Ärger offen äußern und darauf bestehen würden, daß der andere die Hälfte der Aufgaben übernimmt?** *Zum Beispiel: Ich bin müde und ärgerlich, weil ich so viel tue. Ich möchte, daß du jetzt entscheidest, welche Arbeiten du als deinen Beitrag übernimmst. Du kannst sie selbst machen oder jemanden bezahlen, der sie tut, aber ich mache sie nicht mehr.*
**Schreiben Sie Ihre Version auf.**

**Lauert irgendwo eine Katastrophen-Phantasie?** *Zum Beispiel: Ich kann das nicht von ihm/ihr verlangen. Er/sie wird mich verlassen/mich schlagen/ausgehen und sich betrinken/es als eine Entschuldigung benutzen, um .../nie einverstanden sein, und dann werde ich den Einsatz erhöhen und ihn/sie verlassen müssen, und das möchte ich nicht ...*
**Schreiben Sie Ihre Version auf.**

*Ich kann meinen Ärger nicht herunterschlucken und will ihn nicht ausspucken. Ich will meine Wut nicht loslassen. Manchmal denke ich, daß Zorn das einzige ist, was mich in Gang hält. Es gibt so viele Dinge,*

*über die man sich ärgern kann.* Der politische Zustand des Landes, die schlechte Qualität von allem, der schlechte Service des Verkaufspersonals, die völlige Dummheit derer, die sich als Experten bezeichnen, andere Autofahrer ... Ich könnte meine Aufzählung bis nächste Woche fortsetzen. **Schreiben Sie alles auf, was Sie ärgert. Warten Sie eine Minute, wenn Ihnen nichts mehr einfällt, und sehen Sie, was Ihnen sonst noch in den Sinn kommt. Nehmen Sie sich soviel Zeit, wie Sie brauchen. Fügen Sie notfalls Blätter/Seiten in dieses Buch ein. Säubern Sie diese Rumpelkammer von ihrem Vorrat an Gefühlen.**

**Ich sehe folgenden Unterschied zwischen Groll und Wut:**

*Ich erwarte von anderen, daß sie sich zusammenreißen, aber es fällt mir schwer, ihnen direkt zu sagen, was mich ärgert. Ich fühle mich dabei nicht wohl. Ich denke mir, daß die anderen meine Maßstäbe für Spitzenleistungen weder akzeptieren noch überhaupt sehen. Sie betrachten mich als Aufpasser und Richter und bewegen sich in meiner Gegenwart wie auf Eierschalen.* **Wer sieht eine andere Seite von Ihnen? Wer hat Ihren kritischen Geist oder Ihr Gefühl für die großartigen Möglichkeiten einer Situation gesehen? Tauschen Sie mit diesem Menschen die Rolle und lassen Sie ihn sa-**

gen, was er an Ihnen gesehen und geschätzt hat – etwa
warum Sie Freunde geblieben sind und wie die Freundschaft tiefer werden könnte. (Doppelter Rollentausch!)

*Wenn ich die Beschreibung meines Freundes von mir durchlese, merke ich,
daß etwas in mir Teile daran nicht ganz glaubt und andere Teile berichti-
gen oder einschränken möchte. Es fällt mir wirklich schwer, Anerkennung
zu äußern oder anzunehmen.* **Denken Sie an jemanden, der Ihnen nahesteht. Schreiben Sie fünf Dinge auf, die Sie an
ihr/ihm schätzen. Haben Sie Ihrer Freundin/Ihrem
Freund je gesagt, was Sie schätzen? Warum nicht?**

**Welche Rolle spielt Eifersucht in Ihrem Leben? Wie wür-
den Sie auf einer Skala von nüchtern bis wild Ihre Sexualität beschreiben? Spielen Alkohol oder Drogen eine Rolle?**

55

**Wie wirkt sich Unverbindlichkeit für Sie aus? Was läßt sie zu – und was nicht?**

[✎]

*Was würde mit meiner Arbeit und meinen Beziehungen geschehen, wenn ich einen nicht zu erreichenden Maßstab der Perfektion durch die Vorstellung von Ganzheit, Vollständigkeit und Einbeziehung ersetzen würde?* **Stellen Sie sich einen Umstand in Ihrem Leben vor, bei dem Sie versuchen, die Dinge perfekt zu erledigen. Was müßte sich ändern, wenn Sie die Perfektion durch die Vorstellung von Vollständigkeit und Einbeziehung ersetzen würden?**

[✎]

**Würden Sie etwas aufgeben müssen? Was oder wen müßten Sie einbeziehen?**

**Was müßten Sie tun, bevor dies geschehen könnte?** *Zum Beispiel: Erste Schritte unternehmen, um ein größeres Bild oder andere Werte zu bekommen oder den Standpunkt von jemand anders zu erfahren.*

*Veränderung hat einen Preis. Vielleicht könnte ich so tun, »als ob« ich Gelassenheit und Nachsicht erreicht hätte.* **Stellen Sie sich für nur einen Aspekt Ihres Lebens vor, wie Sie die Dinge gerne hätten.**

**Welche Schritte könnten Sie in Richtung auf diese Veränderung unternehmen? Welchen Preis müßten Sie dafür bezahlen?**

*Enneagramm-Punkt ZWEI*

Stellen Sie sich den Charakter als gesellschaftlich charmanten, hilfsbereiten Manipulator oder vielleicht auch als fürsorgliche Märtyrer-Mutter vor; als Menschen, der schmeichelt und gern gibt, aber egoistisch ist; der verführerisch ist und gefallen will. Es kann jemand sein wie die Mütter, die Shirley MacLaine in *Zeit der Zärtlichkeit* und *Grüße aus Hollywood* spielt. Auch Mia Farrow spielt eine ZWEI in dem Woody Allen Film *Hannah und ihre Schwestern*.

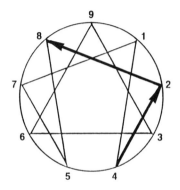

**Lebensskript:** *Hilfsbereitschaft und Manipulation*
**Besondere Gabe:** *Herzlichkeit und die Fähigkeit, Menschen zu helfen, sich wohlzufühlen*
**Selbstbeschreibung:** *»Ich bin hilfsbereit«*
**Schattenthema:** *Stolz auf die Verbindung*
**Abgelehntes verwandelndes Element:** *Auf die eigenen Bedürfnisse achten*
**Sucht:** *Dienen*
**Benötigte Stärke:** *Demut/Angemessene Selbstachtung*
**Abwehrmechanismus:** *Verdrängung*
**Psychologische Störung:** *Hysterie*
**Redeweise:** *Rat und Hilfe*

**Freiwillige Aufwärm-Übung:** Nehmen Sie zwei verschieden-farbige Filzstifte und kritzeln Sie zwei bis drei Minuten lang herum. Fühlen Sie sich dabei in den Charakter ein, vor allem in seine besondere Gabe, Herzlichkeit zu äußern und es den Leuten behaglich zu machen.

Versetzen Sie sich nun in den gewählten Charakter und lesen Sie die Übung so, als würde dieser Charakter *Ihr* Leben leben, vor den Dilemmas stehen, denen *Sie* sich gegenüberse-hen. Sie können sich dies als Erkundung eines inneren, weni-ger bekannten Teils von sich selbst vorstellen.

Bekommen Sie ein Gefühl für den Körper des Charakters, seine Haltung und Kleidung, und für die Umgebung, in der er sich wohlfühlen würde.

Gestatten Sie sich, mit den Gefühlen im persönlichen, privaten Raum dieses Charakters in Berührung zu kom-men.

Übernehmen Sie beim Durchlesen der Fragen Situationen aus Ihrem eigenen Leben.

Betrachten Sie sie aus der Sicht dieses Charakters.

Benutzen Sie die erste Person und das Präsens und schrei-ben Sie die Antwort des Charakters auf.

Ihr *Enneagramm-Charakter-Punkt ZWEI* spricht die kursiv gedruckten Sätze. (Vielleicht wollen Sie sie bearbeiten oder umschreiben, damit sie der Redeweise Ihres Charakters näher-kommen.) Sie schreiben aus der Sicht des von Ihnen gewähl-ten Charakters, beschreiben bei der Beantwortung der Fragen aber Ereignisse aus Ihrem eigenen Leben.

**Die Anweisungen zu den Übungen sind fett gedruckt.**

Wechseln Sie sich ab, wenn Sie mit einem Partner arbeiten; der eine beantwortet die Fragen, der andere hört zu. Denken Sie über die Schatteneigenschaft nach, STOLZ (auf die eigene soziale Schicht, die eigene Familie, die eigenen Freunde oder Geschäftspartner), und das abgelehnte verwandelnde Element (Beachtung der eigenen Bedürfnisse). Was bedeuten sie in Ihrem Leben?

**Schreiben Sie Ihre Notizen hier her.**

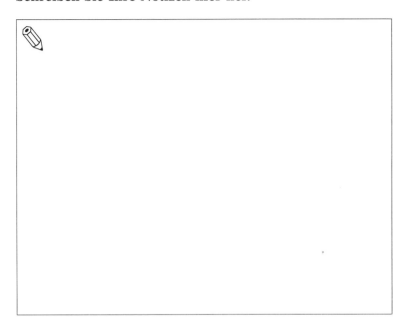

Denk dran, Herzilein, wer niedlich aussieht, hat schon halb gewonnen!

*Ich mag keinen Teil der Beschreibung von Punkt ZWEI. Es hört sich an, als wäre ich ein Parasit, obwohl ich nur der Goldenen Regel folge: Was du willst, daß man dir tut, das füge auch den andern zu. Wenn ich für die Bedürfnisse anderer empfänglich bin und auf sie reagiere, warum soll ich dann nicht auch erwarten, daß sie wissen, was ich brauche, ohne daß ich fragen oder bohren muß?*

*Wie würde die Welt ohne Mütter aussehen, die geben, ohne die Kosten zu berechnen? Egal ob ich eine Mutter bin oder nicht, ich möchte genauso hilfsbereit sein. Was würde _____ ohne meine Hilfe anfangen? Oder _____, die/der in Anbetracht dessen, daß ich nur zu helfen versuchte, ziemlich undankbar war?* **Stellen Sie sich eine Szene mit einem Ihnen nahestehenden Menschen vor (Ehepartner/in, Kind, Elternteil, enger Freund). Denken Sie daran, wie Sie ihn schätzen, wie stolz Sie auf seine Leistungen sind, und was Sie dazu beigetragen haben.**

**Welche Ambitionen haben Sie für diesen Menschen, und welche Pläne haben Sie zu ihrer Realisierung?**

**Zählen Sie auf, was Sie im Gegenzug erwarten und wie Ihr Partner zeigt, daß er weiß, was Sie gegeben haben. Reicht es aus? Was hätten Sie gerne anders?**

Von der ZWEIer-Persönlichkeit heißt es: Sie ist verführerisch, aber oft gefühlskalt, und verwechselt das Bedürfnis nach Sexualität mit dem nach Abhängigkeit. Diese Menschen brauchen sehr viel Zärtlichkeit. Ihr Verhalten hat etwas Exhibitionistisches. **Was fällt Ihnen beim Lesen dieser Zeilen zu Ihrem eigenen Verhalten ein, wenn Sie sexuelle Anziehung spüren?**

Stellen Sie sich vor, Sie machen den anderen darauf aufmerksam, daß Ihre Gefühle und Beiträge für selbstverständlich gehalten oder übersehen wurden. **Wie tun Sie dies? Von Angesicht zu Angesicht, oder indem Sie es jemand anders erzählen, der den Missetäter informiert?**

**Was unterdrücken Sie gern, bis Ihnen irgendwann alles zu viel wird und Sie explodieren? Schieben Sie Konfliktstoff vor sich her, indem Sie um ihn herumreden? Betrachten Sie Liebe als Job?**

*Hier heißt es, ich brauchte die Stärke der Demut. Das ist lächerlich. Was ist demütiger, als immer den zweiten Platz einzunehmen?* **Wie würden Sie sich fühlen, wenn die Rollen in Ihrem Leben getauscht würden – wenn Sie an der ersten Stelle stünden und Ihr Partner Sie unterstützen würde?**

**Stellen Sie sich vor, Sie heiraten, und der Mann ändert seinen Namen und nimmt den Familiennamen der Frau an. Wie würden Sie sich fühlen, und wie würde Ihr Partner sich fühlen?**

**Was würde mit Ihnen geschehen, wenn Sie Ihren Partner verlieren würden?**

*Na ja, vielleicht könnte ich meine Bedürfnisse erkennen und für sie sorgen, aber ich möchte in einer Beziehung sein. Ich möchte für den/die Menschen, den/die ich liebe, wichtig sein. Unabhängigkeit von anderen ist kalt und unattraktiv.* **Welcher Teil von Ihnen, der – vielleicht in der Teenagerzeit – vorhanden war (Schriftstellerin/Künstler/Geschichtenerzählerin/Tänzer), hat in Ihrem jetzigen Leben keinen Platz mehr? Was würde sich ändern, wenn Sie diesen Teil wieder einbeziehen und ihm etwas von Ihrer Zeit und Energie geben würden?**

**Was wäre der Preis, wenn er sehr wichtig würde? Vielleicht haben Sie Bedürfnisse, die niemand sehen kann, solange Sie sie nicht zuerst selbst sehen.**

*Enneagramm-Punkt DREI*

Stellen Sie sich den Charakter als erfolgreichen Karrieretypen, als auf Status bedachten Kämpfer vor, als Ausbund an Effizienz und Vortrefflichkeit, der sich seines Images und seiner Wirkung auf andere bewußt ist. Vielleicht haben Sie einen älteren Familienangehörigen oder sonst jemanden, der Ihnen als Vorbild für Ihren DREIer-Charakter dienen kann. Es kann auch jemand wie der von der Iran-Contra-Affäre bekannte Oliver North sein; Werner Ehrhart, Initiator der New-Age-Bewegung Est; oder Luther, der großspurige schwarze Geschäftsmann in dem Film *Moving One up*. Auch Dieter Thomas Heck, der jahrelang die ZDF-Hitparade »verkaufte«, ist eine DREI, die den Aufstieg vom Autoverkäufer zum Fernsehstar schaffte.

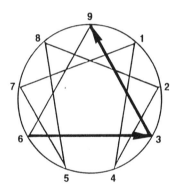

**Lebensskript:** *Leistung und Betonung des Images*
**Besondere Gabe:** *Die Fähigkeit, Dinge zu realisieren*
**Selbstbeschreibung:** *»Ich bin erfolgreich«*
**Schattenthema:** *Täuschung*
**Abgelehntes verwandelndes Element:** *Versagen*
**Sucht:** *Effizienz*
**Benötigte Stärke:** *Hoffnung*
**Abwehrmechanismus:** *Identifikation*
**Psychologische Störung:** *Arbeitssucht*
**Redestil:** *Werbung für die eigenen Person*

**Freiwillige Aufwärm-Übung:** Nehmen Sie zwei verschiedenfarbige Filzstifte und kritzeln Sie zwei oder drei Minuten lang herum. Fühlen Sie sich dabei in den Charakter ein, vor allem in seine besondere Gabe, etwas auf die Beine zu stellen. Denken Sie daran, wie wichtig und notwendig die DREIer-Persönlichkeit für die Gesellschaft ist.

Versetzen Sie sich nun in den gewählten Charakter und lesen Sie die Übung so, als würde dieser Charakter *Ihr* Leben leben, vor den Dilemmas stehen, denen Sie sich gegenübersehen. Sie können sich dies als Erkundung eines inneren, weniger bekannten Teils von sich selbst vorstellen.

Bekommen Sie ein Gefühl für den Körper des Charakters, seine Haltung und Kleidung, und für die Umgebung, in der er sich wohlfühlen würde.

Gestatten Sie sich, mit den Gefühlen im persönlichen, privaten Raum dieses Charakters in Berührung zu kommen.

Übernehmen Sie beim Durchlesen der Fragen Situationen aus Ihrem eigenen Leben.

Betrachten Sie sie aus der Sicht dieses Charakters.

Benutzen Sie die erste Person und das Präsens und schreiben Sie die Antwort des Charakters auf.

Ihr *Enneagramm-Charakter-Punkt DREI* spricht die kursiv gedruckten Sätze. (Vielleicht wollen Sie sie bearbeiten oder umschreiben, damit sie der Redeweise Ihres Charakters näherkommen.) Sie schreiben aus der Sicht des von Ihnen gewählten Charakters, beschreiben bei der Beantwortung der Fragen aber Ereignisse aus Ihrem eigenen Leben.
**Die Anweisungen zu den Übungen sind fett gedruckt.**
Wechseln Sie sich ab, wenn Sie mit einem Partner arbeiten; der eine beantwortet die Fragen, der andere hört zu. Denken Sie über die Schatteneigenschaft nach, TÄUSCHUNG, und die Rolle, die sie beim Bluffen, bei der Vorführung eines Images und der Erledigung von Dingen spielt. Untersuchen Sie dann das abgelehnte verwandelnde Element, VERSAGEN. Welche Rolle hat es in Ihrem Leben gespielt? **Schreiben Sie Ihre Notizen hier her.**

*Ich bin ein wirklich gutes Beispiel für das Know-How und das aggressive Vorwärtspushen der Amerikaner. Ich weiß, wie man kämpft und effizient produziert. Ich weiß, was bei der Arbeit gewünscht wird und wie ich es verschaffen kann. Meine Ziele regen mich an. Die Leute schätzen,*

*was ich tue. Sehen Sie sich die äußeren Beweise an, die ich habe oder ansammle – Prestige, Geld und Macht. Ich weiß, wer die Mächtigen sind. Ich identifiziere mich mit ihnen.* **Wer hat von Ihnen verlangt oder erwartet, daß Sie gewinnen, als Sie ein Kind waren? Was haben diese Menschen von Ihnen gewollt? Was hat Ihre Leistung für sie bedeutet?**

**Was haben Sie getan, um sich hervorzutun? Hat es etwas gekostet?**

*Ich kenne den Wert des Images. Ich mache nicht nur in meiner Kleidung »auf Erfolg«, ich schaffe auch eine Aura, in der andere diesen Erfolg mit mir assoziieren. Wirklich, ich muß mich ein bißchen erfinden, vielleicht das Image vermarkten, aber das gehört zum Erfolg.* **Denken Sie an eine oder mehrere Situationen, in denen Sie eine Halb-Wahrheit – oder eine Unwahrheit – benutzt haben, um etwas zu erreichen.**

*Ich betrachte das nicht als Lügen. Klappern gehört doch zum Handwerk. Wenn Sie es so sehen, ist Lügen in unserer Gesellschaft etwas ganz Normales. Die Fähigkeit, unglaubliche Geschichten zu erzählen und einem Eskimo einen Kühlschrank zu verkaufen, wird doch sehr geschätzt. Es geht ums Verkaufen. Ich verkaufe mich mit positiven Aussagen über das, was ich für wahr halte oder in mir stärken möchte. Ich schaue nicht auf das Negative, wenn ich es nicht abstellen kann. Was ist falsch daran? Es verhindert eine Depression wegen Dingen, die man sowieso nicht ändern kann.* **Wer sind die Menschen, die heute von Ihnen am meisten beeindruckt sind? Hat die Aufrechterhaltung Ihres Images ihnen gegenüber für Sie einen Preis? Was gewinnen Sie?**

Schau! Da ist Mutti!

Von der Enneagramm-Persönlichkeit DREI heißt es: Sie ist weniger an Sexualität interessiert, reservierter, und es mangelt ihr an Einfühlungsvermögen. Im Verhältnis zu ihren anderen Zielen besitzen Beziehungen für sie keinen hohen Stellenwert. Sie zieht sich von der Intimität zurück. Sie entspannt sich selten, und Intimität fällt ihr schwer. **Was fällt Ihnen beim Lesen dieser Zeilen zu Ihrer eigenen Sexualität ein?**

Stellen Sie sich einen Augenblick die Möglichkeit eines katastrophalen Versagens vor. Welches Unheil, mit dem Sie nicht fertigwerden würden, könnte im Bereich der Arbeit passieren?

Welcher Schlag könnte in irgendeinem anderen Bereich Ihres Lebens niedergehen? Wie würden Sie wissen, daß er niedergegangen ist? Wen sonst würde er treffen?

**Welchen Preis hätten Sie in bezug auf Macht, Prestige oder Geld zu zahlen? Gäbe es emotionale Kosten im Hinblick auf Freunde oder Ihre Partnerin/Ihren Partner?**

*Ich habe diese Übung nicht gemocht. Ich bin kein Tränendes Herz. Ich halte es nicht für richtig, Gefühle, die andere ausnutzen können, zuzulassen oder zu zeigen. Ich konzentriere mich gern positiv auf die Zukunft, aber manchmal betrachten andere mich als arbeitssüchtig. Wenn ich mir erlauben würde, mir in einer persönlichen Beziehung ein Scheitern vorzustellen, könnte es mich überwältigen. Wofür habe ich gelebt, nur für die Arbeit?* **Denken Sie über drei Fälle von eigenem Versagen in Ihrem Leben nach. Was haben Sie aus jedem gelernt, das Sie auf keine andere Weise hätten lernen können?**

*Enneagramm-Punkt VIER*

Stellen Sie sich den Helden oder die Heldin einer tragischen Romanze vor, wie Emily Brontës Charakterfigur Heathcliff in *Sturmhöhe;* einen melancholischen Künstler; den Südstaaten-Aristokraten Ashley in *Vom Winde verweht*; den jungen exzentrischen Landadeligen in *Zimmer mit Aussicht*, der von seiner Verlobten verlassen wird; oder jemanden, der damit beschäftigt ist, eine schmerzvolle Vergangenheit zu verstehen (zum Beispiel den Charakter, den Meryl Streep in *Sophies Entscheidung* spielt). Auch André Heller, Sänger und Inszenator phantasievoller »Gesamtkunstwerke« gehört zu den bekannten VIERer-Persönlichkeiten.

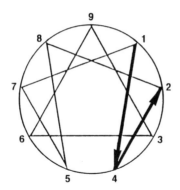

**Lebensskript:** *Außergewöhnlichkeit und launische Nostalgie*
**Besondere Gabe:** *Die Fähigkeit, Schönes zu erschaffen*
**Selbstbeschreibung:** *»Ich bin einzigartig«*
**Schattenthema:** *Neid*
**Abgelehntes verwandelndes Element:** *Das »Gewöhnliche«*
**Sucht:** *Elitäres Verhalten*
**Benötigte Stärke:** *Zufriedenheit*
**Abwehrmechanismus:** *Introjektion/Sublimation*
**Psychologische Störung:** *Depression*
**Redestil:** *Traurige Geschichten*

**Freiwillige Aufwärm-Übung:** Nehmen Sie zwei verschiedenfarbige Filzstifte und kritzeln Sie zwei oder drei Minuten lang herum; fühlen Sie sich in den Charakter ein, vor allem in seine besondere Gabe, Schönheit zu verstehen und zu erschaffen.

Versetzen Sie sich nun in den gewählten Charakter und lesen Sie die Übung so, als würde dieser Charakter *Ihr* Leben leben, vor den Dilemmas stehen, denen Sie sich gegenübersehen. Sie können sich dies als Erkundung eines inneren, weniger bekannten Teils von sich selbst vorstellen.

Bekommen Sie ein Gefühl für den Körper des Charakters, seine Haltung und Kleidung, und für die Umgebung, in der er sich wohlfühlen würde.

Gestatten Sie sich, mit den Gefühlen im persönlichen, privaten Raum dieses Charakters in Berührung zu kommen.

Übernehmen Sie beim Durchlesen der Fragen Situationen aus Ihrem eigenen Leben.

Betrachten Sie sie aus der Sicht dieses Charakters.

Benutzen Sie die erste Person und das Präsens und schreiben Sie die Antwort des Charakters auf.

Bist du sicher, daß du keinen Hilferuf gehört hast?

Ihr **Enneagramm-Charakter-Punkt VIER** spricht die kursiv gedruckten Sätze. (Vielleicht wollen Sie sie bearbeiten oder umschreiben, damit sie der Redeweise Ihres Charakters näherkommen.) Sie schreiben aus der Sicht des von Ihnen gewählten Charakters, beschreiben bei der Beantwortung der Fragen aber Ereignisse aus Ihrem eigenen Leben.
**Die Anweisungen zu den Übungen sind fett gedruckt.**
Wechseln Sie sich ab, wenn Sie mit einem Partner arbeiten; der eine beantwortet die Fragen, der andere hört zu. Denken Sie über die Schatteneigenschaft nach, NEID, und wie und warum er eine Gabe – die Kenntnis einer Hierarchie von Werten – falsch gebrauchte. Wann haben Sie ihn gespürt? Wie haben Sie ihn erlebt? Betrachten Sie dann das abgelehnte Element, das GEWÖHNLICHE – das Normale, das Gegenteil von Besonderheit. Wieso kann es eine verwandelnde Rolle spielen? Was bedeutet es in Ihrem Leben?
**Schreiben Sie Ihre Notizen hier her.**

*Ich wünschte, ich könnte angenehmer mit anderen Menschen leben, aber wenn der Preis darin besteht, meine Maßstäbe bis zum Normalen, Gewöhnlichen herunterzuschrauben, möchte ich es nicht.* **Nennen Sie ein Beispiel für das, was Sie als »Gewöhnlich« betrachten.**

**Wie schaffen Sie Ihren Raum für Schönes? Wie berührt er das Leben anderer Menschen?**

**Wo sind Ihnen hohe Maßstäbe am wichtigsten? Wann haben Sie dies zuerst erkannt – und was ist als Folge davon geschehen?** *Ich habe auf meine Art und Weise so vieles erlitten, was die meisten Menschen nicht verstehen werden, aber sie haben meine Sicht vom Leben, meine Sensibilität für Schönheit und die Interessen geformt, die mein Leben erfüllen, deshalb möchte ich sie nicht ändern. Schubert hat einmal gesagt, daß er jedes Mal, wenn er sich hinsetzte, um ein Liebeslied zu schreiben, über den Schmerz schrieb – aber durch das Schreiben über den Schmerz verwandelte er ihn in ein Liebeslied.*

*Trotzdem ärgert mich meine Konzentration auf das Leben anderer Leute. Ich bin ständig am Vergleichen. Er oder sie hat »mehr, etwas Besseres oder etwas anderes«.* **Untersuchen Sie Ihre Verbindung zu einem Menschen, der mehr besitzt, größere persönliche Möglichkeiten oder einen Partner hat, mit dem er das Leben leben kann, nach dem Sie sich sehnen.**

Von der Enneagramm-VIER heißt es: Frauen beneiden Männer, und Männer ziehen unkonventionelle Geschlechtsrollen vor. Es fällt ihnen schwer, die Intimität aufrechtzuerhalten, weil sie vom Unerreichbaren angezogen werden und weniger interessiert sind, wenn die Eroberung erst einmal gemacht ist. **Was fällt Ihnen beim Lesen dieser Beschreibung zu Ihrem eigenen Ausdruck von Sexualität ein?**

**Wie arbeitet Ihre Sehnsucht für Sie? Wie motiviert sie Sie zum Handeln? Wie verschafft sie Ihnen befriedigende Tagträume? Oder vermeiden Sie Hoffnung, weil Sie glauben, sie könnte zum Scheitern führen? Besser traurig, aber sicher?**

**Stellen Sie sich vor, Sie hätten die Eigenschaft oder den Partner, die/den Sie jetzt wollen. Wie ändert sich Ihr Leben? Wie sehen andere Sie?**

**Fünf Jahre sind vergangen. Welchen Preis hatten Sie zu zahlen?**

*Ich bin launisch und wäre oft lieber jemand anders, allein oder mit einem anderen Menschen zusammen als mit meiner Partnerin/meinem Partner. Freundschaften sind für mich heiß oder kalt.* Es fällt mir schwer, mich mit irgend jemandem längere Zeit »verliebt« zu fühlen. Wenn ich mit ihm/ihr zusammen bin, sehe ich alle Mängel. Wenn er/sie geht, erinnere ich mich an das Gute und wie begehrenswert dieser Mensch war, aber dann ist es zu spät.* **Tauschen Sie mit einem Menschen, dem Sie einmal nahe waren, die Rollen. Betrachten Sie sich durch seine Augen. Was sehen Sie? Welchen Rat haben Sie zu geben?**

**Stellen Sie sich vor, Sie wären zufrieden. Wie würde Ihr Leben aussehen? Was ziehen Sie statt dessen vor?**

*Enneagramm-Punkt FÜNF*

Stellen Sie sich den Charakter als gut unterrichteten Einsiedler, als asketischen Einzelgänger, als geizigen Visionär oder isolierten Experten vor. Oder als jemanden wie den Ich-Erzähler in Cees Notebooms Erzählung *Die folgende Geschichte*. Der distanzierte Voyeur und Videofilmer in *Sex, lies and videotapes* ist ebenfalls eine FÜNF, gespielt von James Spader.

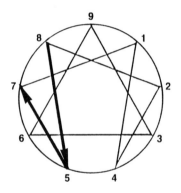

**Lebensskript:** *Wissen und Rückzug*
**Besondere Gabe:** *Wissen, »was los ist«*
**Selbstbeschreibung:** *»Ich habe ein geschärftes Wahrnehmungsvermögen«*
**Schattenthema:** *Geiz/Habsucht*
**Abgelehntes verwandelndes Element:** *Leere*
**Sucht:** *Wissen*
**Benötigte Stärke:** *Loslassen*
**Abwehrmechanismus:** *Segmentierung/Isolierung*
**Psychologische Störung:** *Vermeidende Persönlichkeit*
**Redestil:** *Abhandlungen*

**Freiwillige Aufwärm-Übung:** Nehmen Sie zwei verschiedenfarbige Filzstifte und kritzeln Sie zwei oder drei Minuten lang herum; fühlen Sie sich dabei in den Charakter ein, besonders in seine Gabe, wahrzunehmen – »zu wissen, was los ist«.

Versetzen Sie sich nun in den gewählten Charakter und lesen Sie die Übung so, als würde dieser Charakter *Ihr* Leben leben, vor den Dilemmas stehen, denen Sie sich gegenübersehen. Sie können sich dies als Erkundung eines inneren, weniger bekannten Teils von sich selbst vorstellen.

Bekommen Sie ein Gefühl für den Körper des Charakters, seine Haltung und Kleidung, und für die Umgebung, in der er sich wohlfühlen würde.

Gestatten Sie sich, mit den Gefühlen im persönlichen, privaten Raum dieses Charakters in Berührung zu kommen.

Übernehmen Sie beim Durchlesen der Fragen Situationen aus Ihrem eigenen Leben.

Betrachten Sie sie aus der Sicht dieses Charakters.

Benutzen Sie die erste Person und das Präsens und schreiben Sie die Antwort des Charakters auf.

Ihr *Enneagramm-Charakter-Punkt FÜNF* spricht die kursiv gedruckten Sätze. (Vielleicht wollen Sie sie bearbeiten oder umschreiben, damit sie der Redeweise Ihres Charakters näherkommen.) Sie schreiben aus der Sicht des von Ihnen gewählten Charakters, beschreiben bei der Beantwortung der Fragen aber Ereignisse aus Ihrem eigenen Leben.
**Die Anweisungen zu den Übungen sind fett gedruckt.**
Wechseln Sie sich ab, wenn Sie mit einem Partner arbeiten; der eine beantwortet die Fragen, der andere hört zu. Denken Sie über die Schatteneigenschaft nach, GEIZ – endlos Kenntnisse oder Mittel anzusammeln, ohne sie mitzuteilen bzw. zugunsten des Allgemeinwohls zu verteilen. Überlegen Sie, welche Beziehung dies zur gefürchteten Möglichkeit der LEERE hat. Wie kann die Leere zu einem verwandelnden Element werden? **Schreiben Sie Ihre Notizen hier her.**

*Ich bin ein Einzelgänger. Meine Einsamkeit ist mir sehr wichtig. Ich ertrage andere eine Zeitlang, aber ich möchte nicht, daß sie meine Gedanken und die Projekte stören, die mich am meisten interessieren. Ich habe*

*früh Selbständigkeit gelernt. Wenn Leute etwas brauchen, reagiere ich darauf, aber dann möchte ich, daß sie gehen.* **Wer hat Ihnen Angst gemacht, als Sie ein Kind waren? Und wie?**

**Wo haben Sie sich versteckt? Körperlich? In Büchern? Auf andere Weise?**

**Wie haben Sie sich selbst das Geschehen erklärt?**

*Ich brauche nicht viel zum Leben. Ich weiß, wie ich das verwenden kann, was ich bekommen habe, und ich sorge dafür, daß es lange vorhält. Manche Leute betrachten dies als knickrig oder geizig, aber für mich bedeutet es, daß ich für meine Bedürfnisse sorge, damit ich nicht von irgend jemand anders abhängig zu sein brauche.* **An welches Geschenk, das Ihnen als Kind gegeben wurde, erinnern Sie sich?**

**Ein Geschenk ist etwas Zusätzliches, ein Bedürfnis nicht. Wann haben Sie etwas gebraucht, das Ihnen nicht gegeben wurde? Was war es?**

**Erinnern Sie sich an ein Geschenk, das Sie *gegeben* haben? Was ist mit ihm passiert? Erinnern Sie sich, wie Sie sich gefühlt haben?**

Von der Enneagramm-Persönlichkeit FÜNF heißt es: Sie ist in Beziehungen geduldig und loyal, aber äußerst autark. Die Sexualität ist irgendwie gedämpft, und es fällt schwer, die nötige Verpflichtung zur Partnerschaft einzugehen. **Was fällt Ihnen beim Lesen dieser Beschreibung zu Ihrem eigenen Ausdruck von Sexualität ein?**

Ich werde mal seinen Typ bestimmen.

Wer sind die Menschen, deren Respekt Sie am liebsten hätten? (Es brauchen keine Menschen zu sein, die Sie kennen; sie brauchen auch nicht in diesem Jahrhundert zu leben.)

Wenn Sie eine echte FÜNF sind, haben Sie wahrscheinlich Menschen aufgeführt, die nicht gerade für ihre leidenschaftlichen Gefühle bekannt sind. **Können Sie sich eine andere Bezugsgruppe vorstellen, deren Angehörige Gefühle stärker ausdrücken? Was würden Sie tun, wenn Sie versuchen würden, diese Menschen zu beeindrucken?**

**Wir haben Bilder für Festhalten und Loslassen – die Schwimmflügel eines Kindes, das schwimmen lernt, das Seil von Trapezkünstlern, wenn sie hin- und herschwingen, um einander aufzufangen. Welches Bild von »Festhalten und Loslassen« fällt Ihnen ein?**

Untersuchen Sie es als Metapher für Ihr Gefühl des Festhaltens – und was passieren könnte, wenn Sie loslassen.

Lassen Sie ein anderes geistiges Bild auftauchen, nachdem Sie an die Katastrophe gedacht haben, die passieren *könnte*.

Stellen Sie sich vor, Sie würden sich von dem, was Sie aus Angst nicht aufgeben wollten, distanziert fühlen. Was müßte dazu geschehen?

Welchen ersten Schritt könnten Sie tun, damit es dazu kommt? Welchen Preis wollen Sie dafür nicht bezahlen?

Hat jemand Sie wirklich gesehen und geliebt? Wenn nicht, stellen Sie sich einen solchen Menschen vor. Stellen Sie sich vor, dieser Mensch würde kommentieren, was jetzt in Ihrem Leben geschieht.

*Enneagramm-Punkt SECHS*

Stellen Sie sich den Charakter als antiautoritäres, aber loyales Mitglied einer formellen Gruppe, als von Zweifeln geplagten Advokaten des Teufels oder als ängstlichen Zauberer vor. Denken Sie an die Charaktere, die Woody Allen in seinen Filmen spielt, besonders in *Zelick*. Michael Jackson, amerikanischer Superstar, thematisiert in seinen Filmen und Videoclips immer wieder phobische (Flucht vor Fans) und kontraphobische (Einzug des Helden und seiner uniformierten Truppe) Themen der SECHS. Der mittelalterliche Dichter François Villon, der sich nach dem Totschlag an einem Priester einer Räuberbande anschloß und dem dann ständig der Galgen drohte, besaß ähnliche kontraphobische SECHSER-Eigenschaften.

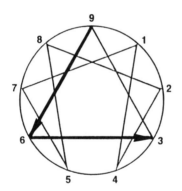

**Lebensskript:** *Sicherheit/Angst und Zweifel*
**Besondere Gabe:** *Fürsorge für die Gruppe*
**Selbstbeschreibung:** *»Ich bin treu«*
**Schattenthema:** *Feigheit/Waghalsigkeit*
**Abgelehntes verwandelndes Element:** *Originalität*
**Sucht:** *Sicherheit*
**Benötigte Stärke:** *Glauben*
**Abwehrmechanismus:** *Projektion*
**Psychologische Störung:** *Paranoide Persönlichkeit*
**Redestil:** *Gruppendenken*

Mir gefällt's hier nicht.

**Freiwillige Aufwärm-Übung:** Nehmen Sie zwei verschiedenfarbige Filzstifte und kritzeln Sie zwei oder drei Minuten lang herum; fühlen Sie sich dabei in diesen Charakter ein, besonders in seine Loyalität und seine Fürsorge für Sicherheit und Schutz der Gruppe.

Versetzen Sie sich nun in den gewählten Charakter und lesen Sie die Übung so, als würde dieser Charakter *Ihr* Leben leben, vor den Dilemmas stehen, denen Sie sich gegenübersehen. Sie können sich dies als Erkundung eines inneren, weniger bekannten Teils von sich selbst vorstellen. Bekommen Sie ein Gefühl für den Körper des Charakters, seine Haltung und Kleidung, und für die Umgebung, in der er sich wohlfühlen würde. Gestatten Sie sich, mit den Gefühlen im persönlichen, privaten Raum dieses Charakters in Berührung zu kommen.

Übernehmen Sie beim Durchlesen der Fragen Situationen aus Ihrem eigenen Leben. Betrachten Sie sie aus der Sicht dieses Charakters. Benutzen Sie die erste Person und das Präsens und schreiben Sie die Antwort des Charakters auf.

Ihr *Enneagramm-Charakter-Punkt SECHS* spricht die kursiv gedruckten Sätze. (Vielleicht wollen Sie sie bearbeiten oder umschreiben, damit sie der Redeweise Ihres Charakters näherkommen.) Sie schreiben aus der Sicht des von Ihnen gewählten Charakters, beschreiben bei der Beantwortung der Fragen aber Ereignisse aus Ihrem eigenen Leben. **Die Anweisungen zu den Übungen sind fett gedruckt.**

Wechseln Sie sich ab, wenn Sie mit einem Partner arbeiten; der eine beantwortet die Fragen, der andere hört zu. Denken Sie über die Schatteneigenschaft nach, FEIGHEIT – nicht Stellung zu beziehen, seine Vorbehalte hinter einer populären Meinung zu verstecken. Überlegen Sie, welche Beziehung dies zu dem abgelehnten verwandelnden Element, der ORIGINALITÄT, hat, die sich wie Abweichung anfühlt – wie das Wagnis, anders zu sein. Wie haben Sie diese Aspekte in Ihrem Leben erfahren?

Betrachten Sie nun die kontraphobische (entgegengesetzte) Schatteneigenschaft, den leichtsinnigen Mut, der durch Angst gespeist wird. Wie haben Sie ihn in Ihrem Leben oder bei anderen Menschen erlebt?

**Schreiben Sie Ihre Notizen hier her.**

*Ich möchte verstehen, in was ich hineingerate. Ich halte meine Augen und Ohren für alles offen, was ich vielleicht wissen muß. Ich möchte nicht das Risiko eingehen, unvorbereitet zu sein.* **Wann war es besonders wichtig für Sie, zu wissen, was verborgen oder nicht stimmig war? Was war der Preis, wenn Sie es nicht wußten?**

**Welche Szenen aus der Kindheit tauchen auf? Wer ist da, um Sie zu schützen? Ist dieser Mensch dazu in der Lage? Welche Eigenschaften hätten Sie sich für ihn gewünscht?**

*Ich möchte nicht, daß Dinge wegen mir gefährdet werden und Leute mit mir Streit haben. Ich möchte einfach Respekt und Anerkennung als wertvoller Mensch, ohne daß meine Vorstellungen und Gefühle niedergemacht*

*werden.* **Von wem wollen Sie in Ihrem heutigen Leben Anerkennung? Sehen diese Menschen Sie wirklich? Was sollen sie sehen oder verstehen?**

**Woher können oder sollten sie diese Dinge über Sie wis-
sen? Unterstützen Sie sie dabei?**

**Was mögen Sie an diesen Menschen in Ihrem Leben
nicht? Wie vermitteln Sie dies?**

Von der Enneagramm-Persönlichkeit SECHS heißt es: Sie hat Probleme mit ihrer Geschlechtsrolle, verbindet aber Stärke mit Männlichkeit und Schönheit mit Weiblichkeit. Diese Menschen sind herzlich, loyal und pflichtbewußt, fürchten aber Bindungen. **Was fällt Ihnen beim Lesen dieser Beschreibung zu Ihrer eigenen Sexualität ein?**

*Manchmal kann ich es nicht ertragen, auf Gedeih und Verderb dem ausgeliefert zu sein, was geschehen könnte; ich fange an, nach Problemen zu suchen.* **Wessen Mut bewundern Sie? Welchen Rat könnte dieser Mensch Ihnen jetzt geben?**

**Inwiefern *unterscheiden* Sie sich von den anderen Mitgliedern Ihrer Gruppe? Was könnte geschehen, wenn Sie es offen zeigen würden?**

Stellen Sie sich eine andere Wahrscheinlichkeit vor, nachdem Sie die mögliche Katastrophe gespürt haben. Schreiben Sie Ihre Notizen hier her.

Welchen ersten Schritt könnten Sie machen, um Ihre Andersartigkeit zu zeigen? Welchen Preis wollen Sie dafür nicht bezahlen? Was ziehen Sie statt dessen vor?

## Enneagramm-Punkt SIEBEN

Stellen Sie sich einen Charakter vor, der unbekümmert optimistisch und voller nervöser Aktivität ist, einen opportunistischen Idealisten, einen intellektuellen »Überflieger«, einen Epikureer wie Marcel Proust, einen charmanten Dilettanten oder einen Narzißten, der vor der Wirklichkeit flüchtet. Denken Sie an die Hauptfiguren in Kurt Vonneguts Schelmenromanen; an die »ewigen Jungs« Peter Alexander, Thomas Gottschalk und Michael Schanze – Publikumslieblinge und Daueroptimisten; und Blanche, die flirtbesessene Sechzigerin in den *Golden Girls*.

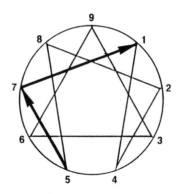

**Lebensskript:** *Unbekümmerter Optimismus und nervöse Aktivität*
**Besondere Gabe:** *Die Fähigkeit, für Spaß und Action zu sorgen*
**Selbstbeschreibung:** *»Ich sehe die Sonnenseite«*
**Schattenthema:** *Unersättlichkeit*
**Abgelehntes verwandelndes Element:** *Schmerz*
**Sucht:** *Idealismus*
**Benötigte Stärke:** *Mäßigung*
**Abwehrmechanismus:** *Rationalisierung*
**Psychologische Störung:** *Narzißtische Persönlichkeit*
**Redestil:** *Anekdoten*

Mir ist gerade eine tolle Idee für ein Drehbuch eingefallen.

**Freiwillige Aufwärmübung:** Nehmen Sie zwei verschiedenfarbige Filzstifte und kritzeln Sie zwei oder drei Minuten lang herum; fühlen Sie sich dabei in den Charakter ein, besonders in seine Gabe, für Action, Aufregung, Verwicklung und Spaß zu sorgen.

Versetzen Sie sich nun in den gewählten Charakter und lesen Sie die Übung so, als würde dieser Charakter *Ihr* Leben leben, vor den Dilemmas stehen, denen Sie sich gegenübersehen. Sie können sich dies als Erkundung eines inneren, weniger bekannten Teils von sich selbst vorstellen.

Bekommen Sie ein Gefühl für den Körper des Charakters, seine Haltung und Kleidung, und für die Umgebung, in der er sich wohlfühlen würde.

Gestatten Sie sich, mit den Gefühlen im persönlichen, privaten Raum dieses Charakters in Berührung zu kommen.

Übernehmen Sie beim Durchlesen der Fragen Situationen aus Ihrem eigenen Leben.

Betrachten Sie sie aus der Sicht dieses Charakters.

Benutzen Sie die erste Person und das Präsens und schreiben Sie die Antwort des Charakters auf.

Ihr *Enneagramm-Charakter-Punkt SIEBEN* spricht die kursiv gedruckten Sätze. (Vielleicht wollen Sie sie bearbeiten oder umschreiben, damit sie der Redeweise Ihres Charakters näherkommen.) Sie schreiben aus der Sicht des von Ihnen gewählten Charakters, beschreiben bei der Beantwortung der Fragen aber Ereignisse aus Ihrem eigenen Leben.
**Die Anweisungen zu den Übungen sind fett gedruckt.**
Wechseln Sie sich ab, wenn Sie mit einem Partner arbeiten; der eine beantwortet die Fragen, der andere hört zu. Denken Sie über die Schatteneigenschaft nach, UNMÄSSIGKEIT – das grenzenlose Wünschen und Konsumieren von neuen Erfahrungen, Möglichkeiten, Ideen und Projekten, und in bezug auf Nahrung, Kleidung und materielle Besitztümer die Wahl zu haben. Überlegen Sie, welche Beziehung dies zu dem abgelehnten verwandelnden Element, körperlichem oder seelischem SCHMERZ hat – auf den man die Aufmerksamkeit konzentrieren muß, der keine Flucht erlaubt. Wie haben Sie diese Elemente in Ihrem Leben erfahren?
**Schreiben Sie Ihre Notizen hier her.**

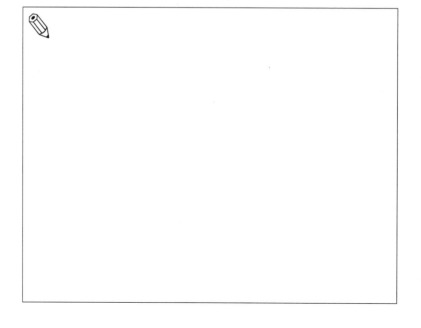

*Ich habe in meinem Leben eine Menge Dinge laufen, die meisten davon sind faszinierend. Ich mag Leute mit viel Power und starke Reize. Das Leben sollte vergnüglich sein.* In der Gegenwart von Menschen, die übermäßig ernst und von ihrer Arbeit oder Problemen besessen sind, fühlt man sich nicht wohl. Ich halte es für wichtig, daß man sich bemüht, charmant zu sein. **Wie arbeitet Charme für Sie? Wann funktioniert er nicht?**

**Machen Sie eine Liste von all dem, was in Ihrem Leben am wichtigsten ist. Benutzen Sie notfalls Extra-Blätter. Schreiben Sie ein H (für »haben«) neben jedes Stichwort, das konsumiert, verbraucht oder besessen werden kann. Schreiben Sie ein T (für »tun«) neben jede aufgeführte Aktivität. Schreiben Sie ein B (für »Beziehungen«) neben jeden Namen, bei dem »haben« oder »tun« nicht der Hauptgrund des Zusammenseins sind. Sehen Sie Ihre Listen durch. Was fällt Ihnen zu jeder ein?**

**Was machen Sie mit der Wut eines Ihnen nahestehenden Menschen?**

**Über wen sind Sie wütend geworden? Was war los? Vor was hatten Sie Angst?**

Von der Enneagramm-Persönlichkeit SIEBEN heißt es: Sie fürchtet Intimität und neigt zu dem Don-Juan-Syndrom, viele Affären zu haben, aber nicht treu zu sein. **Was fällt Ihnen beim Lesen dieser Beschreibung zu Ihrem eigenen Ausdruck von Sexualität ein?**

*Sorgfältiges Planen ermöglicht mir, mit vielen verschiedenartigen Aktivitäten klarzukommen. Ich möchte mich nicht auf eine Vorstellung beschränken, wie Dinge sein sollten oder wer ich bin. Verpflichtungen sind der Tod der Möglichkeiten.* **Welche Verpflichtung stört Sie? Wer möchte, daß Sie sie eingehen? Was wäre der Preis?**

Warum lacht denn keiner? Mal ehrlich, Leute:
Das war doch ein 1a Inselwitz! Gebt mir 'ne Chance!

*Ich arbeite gern sporadisch. Das Nachdenken über Möglichkeiten macht mir Spaß; die Routineanforderungen des gewöhnlichen Lebens sind oft tödlich langweilig.* **Beschreiben Sie die aktuellen Aufregungen Ihres Lebens. Was entwickelt sich? Welches Gefühl werden Sie im nächsten Jahr zu diesem Projekt haben? Wenn Sie in fünf Jahren auf es zurückschauen?**

**Ist Ihr heutiges Leben so, wie Sie es sich vorgestellt haben? Was fehlt?**

**Was hat für Sie die meiste Bedeutung? Wovor haben Sie die größte Angst? Sie können gut rationalisieren. Bauen Sie ein Denkmodell auf, das Sinn und Angst in Ihrem Leben zuläßt.**

Was verursacht in Ihrem Leben Schmerz? Finden Sie drei Beispiele – für körperlichen, seelischen und intellektuellen Schmerz. Was haben Sie aus jedem Schmerz gelernt, was Sie auf keine andere Weise lernen konnten?

Stellen Sie sich vor, Sie würden ein maßvolles, ausgeglichenes Leben leben, in dem das Unvorhergesehene Sie überrascht. Was fällt Ihnen dazu ein? Welchen Preis möchten Sie dafür nicht bezahlen? Was ziehen Sie vor?

**Wählen Sie einen Menschen aus, der Sie geliebt hat, aber nicht mehr in Ihrem Leben ist. Was würde dieser Mensch zu Ihrem gegenwärtigen Dilemma sagen?**

**Was wollen Sie beim Lesen dieser Notizen ändern?**

*Wie wollen Sie anfangen?*

## Enneagramm-Punkt ACHT

Stellen Sie sich den Charakter als arroganten Beschützer, als materiell eingestellten Tyrannen oder als rachsüchtigen, lüsternen Liebhaber von Exzessen vor. Hard Rock oder die Musik von Wagner und Beethoven drücken diese Kraft aus. Der Rahmen kann der eines Firmenchefs oder eines jugendlichen Straftäters sein. Henry Miller schrieb aus ACHTer-Sicht. John Wayne spielte diesen Charakter im Film; aber denken Sie auch an Scarlett O'Hara in *Vom Winde verweht*, die schnoddrige Sizilianerin Sophia, die Älteste im *Golden Girls*-Quartett. Ebenfalls eine ACHT ist der Sänger Konstantin Wecker.

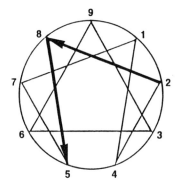

**Lebensskript:** *Selbstgerechtigkeit und Arroganz*
**Besondere Gabe:** *Fürsorge für Schwächere*
**Selbstbeschreibung:** *»Ich bin mächtig«*
**Schattenthema:** *Wollust*
**Abgelehntes verwandelndes Element:** *Schwäche*
**Sucht:** *Rache/Arroganz*
**Benötigte Stärke:** *Vertrauen*
**Abwehrmechanismus:** *Leugnung*
**Psychologische Störung:** *Soziopath*
**Redestil:** *Imperative*

**Freiwillige Aufwärm-Übung:** Nehmen Sie zwei verschiedenfarbige Filzstifte und kritzeln Sie zwei oder drei Minuten lang herum; fühlen Sie sich dabei in den Charakter ein, besonders in sein starkes Gefühl, selbst zu bestimmen, was gerecht ist, und sein instinktives Gefühl für die Schwächeren, die er beschützt.

Versetzen Sie sich nun in den gewählten Charakter und lesen Sie die Übung so, als würde dieser Charakter *Ihr* Leben leben, vor den Dilemmas stehen, denen Sie sich gegenübersehen. Sie können sich dies als Erkundung eines inneren, weniger bekannten Teils von sich selbst vorstellen.

Bekommen Sie ein Gefühl für den Körper des Charakters, seine Haltung und Kleidung, und für die Umgebung, in der er sich wohlfühlen würde.

Gestatten Sie sich, mit den Gefühlen im persönlichen, privaten Raum dieses Charakters in Berührung zu kommen.

Übernehmen Sie beim Durchlesen der Fragen Situationen aus Ihrem eigenen Leben. Betrachten Sie sie aus der Sicht die-

Zwei zu eins, daß Natalie wieder gewinnt.

ses Charakters. Benutzen Sie die erste Person und das Präsens und schreiben Sie die Antwort des Charakters auf.

Ihr *Enneagramm-Charakter-Punkt ACHT* spricht die kursiv gedruckten Sätze. (Vielleicht wollen Sie sie bearbeiten oder umschreiben, damit sie der Redeweise Ihres Charakters näherkommen.) Sie schreiben aus der Sicht des von Ihnen gewählten Charakters, beschreiben bei der Beantwortung der Fragen aber Ereignisse aus Ihrem eigenen Leben. **Die Anweisungen zu den Übungen sind fett gedruckt.**
Wechseln Sie sich ab, wenn Sie mit einem Partner arbeiten; der eine beantwortet die Fragen, der andere hört zu. Denken Sie über die Schatteneigenschaft nach, WOLLUST – die Benutzung anderer als Objekt oder Mittel zur persönlichen Befriedigung, und nicht als Menschen mit eigenem Recht. Überlegen Sie, welche Beziehung dies zum Wissen um die eigene Schwäche hat. Wieso könnte das Zugeben der Verletzlichkeit zur Verwandlung führen? Was fällt Ihnen zu diesen Aspekten Ihres Lebens ein? **Schreiben Sie Ihre Notizen hier her.**

*Ich lasse nicht zu, daß andere mich einschüchtern. Ich will an der Spitze bleiben – und sie wissen das.* **Wo in Ihrem gegenwärtigen Leben ist es besonders wichtig, das Sagen zu haben?**

Von der Enneagramm-Persönlichkeit ACHT heißt es: Sie kann Begrenzungen nicht ertragen und ist im Bereich der Sexualität puritanisch und herrschsüchtig. Frauen wollen Besitz und Hingabe, Männer wollen führen. **Was fällt Ihnen beim Lesen dieser Beschreibung zu Ihrem eigenen Ausdruck von Sexualität ein?**

*Die Leute machen sich im allgemeinen ihre Probleme selbst, indem sie leichtgläubig, schwach oder halbherzig sind. Ich kämpfe für das, was ich für richtig halte, und lasse mich notfalls mit der gesamten Machtstruktur auf einen Kampf ein, um meinen Willen durchzusetzen oder mir einen Punkt zu sichern.* **Beschreiben Sie einen Umstand, bei dem Sie sich mit einem mächtigen Gegner auf einen Kampf eingelassen oder ein Problem in direkter Konfrontation angegangen haben. (Wenn Sie meinen, Sie hätten das nie getan, dann denken Sie an eine Zeit, in der Sie es gerne getan hätten. Schlüpfen Sie in die Rolle der ACHT und agieren Sie es aus.**

**Was hätte ein positives/negatives Ergebnis sein können?)**

**Was haben Sie daraus gelernt?**

*Es macht mir Spaß, Leute zu provozieren, um mehr über sie zu erfahren. Ich weiß gerne genau, mit wem ich es zu tun habe, dann kann ich mit den Dingen umgehen. Wenn sie gut drauf sind, respektiere ich sie. Ich mag keine Schwindler. Und ich mag auch keine Überraschungen.* **Wann haben Sie dieses Verfahren angewandt oder erlebt, daß jemand anders mit Ihnen so verfuhr?**

**Wie benutzen Sie Raum, um Ihre Sicherheit zu gewährleisten? Wie passen andere Menschen in ihn hinein? Was ist die Gegenleistung – wer bekommt was für was?**

*Mit Zorn, meinem eigenen und dem anderer, fühle ich mich wohl. Ich mag es nicht, wenn mir jemand hintenrum kommt oder mich manipulieren will.* **Wer hat Sie in der Vergangenheit manipuliert? Was hat es Sie gekostet?**

*Ich respektiere und vertraue Menschen, die sich wehren, die gegen mich auf meinem eigenen Terrain antreten. Ich will nicht, daß jemand anders das Revier kontrolliert.* **Welche Gefühle weckt dies jetzt in Ihnen? Welche Szene fällt Ihnen ein?**

**Wie könnten Sie sie anders in den Griff bekommen? Mit welchem Ergebnis?**

**Bei was fühlen Sie sich am verletzlichsten?**

**Zu wem haben Sie soviel Vertrauen, daß er dies von Ihnen wissen darf? Welche Katastrophe fürchten Sie, wenn Sie es jemand anders zeigen?**

**Können Sie sich vorstellen, Vertrauen zu haben? Was müßte dazu passieren, oder was müßten Sie dazu einbeziehen?**

*Enneagramm-Punkt NEUN*

Stellen Sie sich den Charakter als umgänglichen, gewaltlosen Protestler vor, als trägen Friedensapostel, als faulen, schlafenden Vulkan; oder als unschlüssigen, zwanghaften Vermittler. Denken Sie an Matthias Claudius, Carl Jung, Ezra Pound oder den harmoniebedürftigen Roy Black. Denken Sie an Luciano Pavorotti oder an Rose, die unentschlossene Norwegerin aus Minnesota, die in der Fernsehserie *Golden Girls* von Betty White gespielt wird.

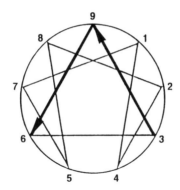

**Lebenskript:** *Friedfertigkeit/Unschlüssigkeit und Trägheit*
**Besondere Gabe:** *Friedliches Bewußtsein*
**Selbstbeschreibung:** *»Ich bin umgänglich«*
**Schattenthema:** *Faulheit*
**Abgelehntes verwandelndes Element:** *Konflikt*
**Sucht:** *Unschlüssigkeit*
**Benötigte Stärke:** *Aktive Liebe*
**Abwehrmechanismus:** *Zwanghaftes Denken*
**Psychologische Störung:** *Passiv-aggressive Persönlichkeit*
**Redestil:** *Epische Erzählungen*

Weißt du, manchmal wünsche ich fast, du wärst wieder
in der Immobilienbranche.

**Freiwillige Aufwärm-Übung:** Nehmen Sie zwei verschiedenfarbige Filzstifte und kritzeln Sie zwei oder drei Minuten herum; fühlen Sie sich dabei in den Charakter ein, besonders in seine Gabe des friedlichen, weitreichenden Bewußtseins für andere Menschen.

Versetzen Sie sich nun in den gewählten Charakter und lesen Sie die Übung so, als würde dieser Charakter *Ihr* Leben leben, vor den Dilemmas stehen, denen Sie sich gegenübersehen. Sie können sich dies als Erkundung eines inneren, weniger bekannten Teils von sich selbst vorstellen.

Bekommen Sie ein Gefühl für den Körper des Charakters, seine Haltung und Kleidung, und für die Umgebung, in der er sich wohlfühlen würde.

Gestatten Sie sich, mit den Gefühlen im persönlichen, privaten Raum dieses Charakters in Berührung zu kommen.

Übernehmen Sie beim Durchlesen der Fragen Situationen aus Ihrem eigenen Leben.

Betrachten Sie sie aus der Sicht dieses Charakters.

Benutzen Sie die erste Person und das Präsens und schreiben Sie die Antwort des Charakters auf.

Ihr *Enneagramm-Charakter-Punkt NEUN* spricht die kursiv gedruckten Sätze. (Vielleicht wollen Sie sie bearbeiten oder umschreiben, damit sie der Redeweise Ihres Charakters näherkommen.) Sie schreiben aus der Sicht des von Ihnen gewählten Charakters, beschreiben bei der Beantwortung der Fragen aber Ereignisse aus Ihrem eigenen Leben. **Die Anweisungen zu den Übungen sind fett gedruckt.** Wechseln Sie sich ab, wenn Sie mit einem Partner arbeiten; der eine beantwortet die Fragen, der andere hört zu. Denken Sie über die Schatteneigenschaft nach, TRÄGHEIT – Faulheit, den Mangel an Interesse, das notwendig wäre, um ein Ding für wichtiger als ein anderes zu halten. Überlegen Sie, welche Beziehung dies zur abgelehnten Wandlungsmöglichkeit hat, sich in einen KONFLIKT zu begeben. Warum und wieso ist dies das Heilmittel, der Weg aus der Sackgasse? Wie haben Sie diese Elemente in Ihrem Leben erlebt?
**Schreiben Sie Ihre Notizen hier her.**

*Als Kind hatte ich oft das Gefühl, für meine Eltern völlig unsichtbar zu sein. Vielleicht war ich nicht so, wie sie erwarteten. Ich konnte sie nicht beeindrucken, deshalb fühlte ich mich frei, meine eigenen Interessen zu verfolgen. Ich sehe nicht, welchen Vorzug es haben sollte, sich über irgend*

*etwas aufzuregen. Warum irgend jemanden vor den Kopf stoßen? Was geschehen soll, geschieht. Ich weiß nicht, worauf die Zeit hinauswill, und kümmere mich nicht darum. Alles ist für sich genommen interessant. Das einzige, was mich fertigmacht, ist, wenn meine Anstrengungen übersehen, abgewertet oder nicht gewürdigt werden.* **Wann ist Ihnen das das letzte Mal passiert? Wie waren die Umstände? Was war Ihr Beitrag? Wie haben Sie beschlossen, diese Sache und nicht eine andere zu tun?**

*Ich will keine Anerkennung von anderen Leuten, wenn das bedeutet, daß sie kontrollieren, was ich tun oder sein sollte.* **Hat jemand anders eine andere Vorstellung von dem, was Sie tun sollten? Widersprechen Sie offen oder machen Sie es einfach so, wie Sie es für das beste halten? Was fällt Ihnen dazu jetzt ein?**

**Wann ist Ihnen etwas Ähnliches in der Vergangenheit passiert? Wie haben Sie sich Ihren Eltern gegenüber verhalten, wenn Sie anderer Meinung waren als sie? Wie schütten Sie heute Ihre Wut zu?**

Von der Enneagramm-Persönlichkeit NEUN heißt es: Sie hat wenig Probleme mit der geschlechtlichen Identität, außer einer Neigung zu wahlloser Sexualität. Beziehungen werden zur Routine. **Was fällt Ihnen beim Lesen dieser Beschreibung zu Ihrem Ausdruck von Sexualität ein?**

*Die Leute meinen manchmal, ich würde mich nicht um meine Bedürfnisse kümmern, aber ich identifiziere mich selten mit einem einzigen Standpunkt. Ich sehe alle Seiten eines Problems; die meisten Dinge regeln sich von selbst. Die Leute brauchen nur die Zeit machen zu lassen.* **Wer in Ihrem gegenwärtigen Leben sollte Ihrer Meinung nach das Leben ein bißchen leichter nehmen? Inwiefern würde dies den Druck mildern, der auf Ihnen lastet, und gestatten, daß Sie sich ändern? Wie könnten Sie dasselbe Ergebnis erzielen? Was würde es Sie kosten?**

**Wenn Sie einen Konflikt/eine Konfrontation riskieren würden, was könnte es sein?**

Wir werden durch Schmerz und Hoffnung motiviert. Was müßte geschehen, damit Sie aus Ihrer Liebe heraus handeln würden? Zum Beispiel ausreichendes Unbehagen: Müßten Sie jemanden verlieren? Müßte etwas von außen passieren, eine unvermeidliche Katastrophe?

Können Sie sich ein anderes Ereignis vorstellen – daß jemand Ihre Besonderheit und die einzigartigen Eigenschaften erkennt, die Ihre Familie nie gesehen hat –, das in Ihnen genügend Hoffnung weckt, daß das Leben für Sie anders sein könnte?

**Wer liebt Sie? Wer liebt Sie nicht? Welche Beweise haben Sie? Was müßten Sie tun, um mehr Liebe zu spüren?**

**Welchen Preis möchten Sie dafür nicht bezahlen? Was ziehen Sie vor, und wie arbeitet dies zu Ihren Gunsten?**

Kapitel 5

# Subtypen und situationsbedingte Rollen

*Nur für Leser, die von Persönlichkeitstheorien fasziniert sind.
Wer mit der Jungschen Psychologie nicht vertraut ist,
sollte erst Kapitel 6 lesen*

Der Enneagramm-Theorie zufolge hat jeder von uns nicht nur ein Hauptmuster, sondern auch Zugang zu zwei anderen Verhaltensbündeln: dem Integrations- und dem Streßmuster (Trostpunkt und Streßpunkt). Unter Streß benutzt ein Mensch zunächst die Abwehrmechanismen seines Punkts. Wenn der Streß zunimmt, bewegt er sich zu einem Verhalten, das dem nächsten Punkt in Pfeilrichtung ähnlich ist (siehe die Abbildung: *Die Energie des Enneagramms*). Der Einsiedler FÜNF zum Beispiel bewegt sich mit zunehmendem Streß zur Position des überbeschäftigten Planers SIEBEN. In Zeiten geringer Spannung hat jeder Mensch Zugang zu den Charakteristika des Punkts, von dem der Pfeil herkommt; die FÜNF etwa agiert dann von der integrierenden Position des Verantwortung übernehmenden Führers ACHT aus. Diese beiden zusätzlichen Positionen können als *Subpersönlichkeiten* betrachtet werden.

Manchmal verhalten wir uns jedoch noch anders als unser Hauptpersönlichkeitstyp und sein Streß- bzw. Integrationspunkt. Wie ist dies zu erklären? Wir alle haben als Kinder andere Familienmitglieder genau beobachtet. Die Art und Weise, in der ihr Verstand arbeitet, und ihre Sichtweise sind uns vertraut, auch wenn wir nicht ihrer Meinung sind. Ihre Art, die Welt zu sehen, ist immer noch in uns; sie ist wie ein Kostüm, das wir bei Bedarf anziehen und von dem aus wir agieren können, genauso wie wir als Kinder »Verkleiden« spielten. Diese »Kostüme« werden in der Psychologie als *Introjekte* bezeichnet.

### Die Energie des Enneagramms:
Integrations- und Streßpunkt

Jeder Punkt ist durch die Pfeile mit zwei anderen Punkten auf dem Kreis verbunden. Unter Streß benutzt ein Mensch zunächst die Abwehrmechanismen seines eigenen Punkts.

Wenn der Streß zunimmt, bewegt er sich (mit dem Pfeil) zu einem Verhalten, das dem folgenden Punkt in Pfeilrichtung ähnlich ist.

In Zeiten geringer Spannung ist das Verhalten expansiver und kann Charakteristika des vorhergehenden Punkts (gegen den Pfeil) annehmen.

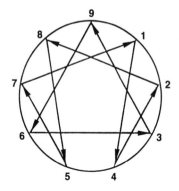

Wenn wir zum Beispiel unsere Kinder so maßregeln, wie unsere Mutter uns maßregelte, handeln wir möglicherweise nicht von unserem eigenen Enneagramm-Punkt, sondern von einem Skript aus, das wir von Mutter übernommen haben. Eine umgängliche NEUN verhält sich unter Umständen wie eine perfektionistische EINS, wenn es darum geht, daß ihre Tochter ihr Zimmer sauberhält. Dies paßt nicht in die Enneagramm-Formel, daß die NEUN Konflikte und Entscheidungen vermeidet. Das oben beschriebene Verhalten würde von der Transaktionsanalyse als Eltern-Ich-Zustand bezeichnet. Es kann auch als *Introjekt* oder Subpersönlichkeit bezeichnet werden – es ist nicht der Wesenskern, wird aber benutzt, um eine Aufgabe zu erledigen. Wir können auch ein Verhalten entwickeln, das von einer Rolle oder einer Funktion verlangt wird. Jungianer sprechen von der Persona – dem Image und den Verhaltensweisen, die wir benutzen, wenn wir der Welt entgegentreten. Sie entsprechen im allgemeinen unserem Enneagramm-Persönlichkeitstyp, können sich aber von ihm unterscheiden, wenn die Arbeit, die wir tun, oder die Funktion, die wir innehaben, ein anderes Verhalten verlangt. Dag Hammarskjöld etwa zeigte sich in seinem Buch *Zeichen am Weg* als Mystiker, der in seiner Funktion als Generalsekretär der Vereinten Nationen nicht sichtbar war. Wir entscheiden uns für unser Verhalten, aber die Umstände unserer äußeren Welt rufen auch einen Großteil des Verhaltens wach, das wir dann wählen.

Das Enneagramm versucht, elementare menschliche Verhaltensmuster zu klassifizieren. Leute, die in der Welt Schlagzeilen machen, agieren ihre Enneagramm-Muster ungehemmt aus, und ihr Verhalten in der Öffentlichkeit ist leicht zu studieren, aber es besitzt zuweilen eine verborgene Dimension. Die Charaktere der aktuellen Fernsehserien dagegen überraschen uns selten. Situationskomödien sind geradezu ein Lehrbuch für die Muster von Enneagrammtypen. Klare Archetypen des menschlichen Verhaltens faszinieren uns, verleiten uns aber auch dazu, zu sehr zu vereinfachen.

Es gibt Komplikationen, wenn wir versuchen, andere Menschen zu klassifizieren. NEUNER etwa haben oft Probleme mit der Abgrenzung und identifizieren sich leicht mit *allen Punkten.* Der Macher DREI und der überbeschäftigte Planer SIEBEN haben ein ähnliches Aktivitätsniveau, aber eine andere Zielsetzung; die DREI möchte einen sehr wichtigen anderen Menschen mit ihrem Erfolg beeindrucken, die SIEBEN möchte sich zerstreuen, um ihre Angst zu vergessen.

Vielleicht wollen Sie angesichts dieser Diskussion die ganze Klassifiziererei an den Nagel hängen. Aber sie zeigt, daß das Enneagramm eine komplexe und interessante Typologie bietet, die eine Vielzahl menschlicher Persönlichkeiten ziemlich genau differenzieren kann; dazu muß jedoch das Verhalten sehr genau beobachtet werden.

Die Stärke des Enneagramms liegt in der großen Zahl von Charakterzügen, die es miteinander verbindet, und in seinen vielen Dimensionen. In *Transformiere deinen Schatten – Die Psychologie des Enneagramms* habe ich mich auf die schmerzlichen Gefühle konzentriert, die Menschen zu einer Therapie veranlassen. Ich habe die drei Enneagramm-Triaden untersucht, die sich mit Angst (Programme FÜNF, SECHS und SIEBEN), Zorn (Programme ACHT, NEUN und EINS) und Depression/Trauer (Programme ZWEI, DREI und VIER) beschäftigen, und ihre Verbindung zu den üblichen Abwehrmechanismen

Flucht, Kampf oder Unterwerfung studiert. Ich habe die Kraft dieser Gefühle als Elemente der Veränderung beschrieben. Andere Dimensionen könnten auf ähnliche Weise untersucht werden, etwa der Intensitäts- und Energie-Konzentrationspunkt jeden Musters.

Der *Konzentrationspunkt* ist das, worauf wir unsere Energie richten. Wir alle lenken unsere Aufmerksamkeit und unsere Energie auf eine von drei Alternativen – auf das Überleben, eine befriedigende Partnerschaft oder auf Angelegenheiten der Gemeinschaft. Diese drei Möglichkeiten werden als Untertypen des eigenen Enneagramm-Punkts bezeichnet.

Worauf wir unsere Energie konzentrieren, unterscheidet innerhalb eines Enneagramm-Musters einen jeden von uns vom anderen. Das Erkennen der drei Untertypen setzt die genaue Beobachtung einzelner Verhaltensweisen voraus. Wenn eine FÜNF ihre Energie auf die Gemeinschaft ausrichtet, hält man sie leicht für etwas anderes als den hauptsächlich mit dem Überleben beschäftigten Einsiedler FÜNF; sie scheint dann fast wie eine extravertierte EINS zu funktionieren. Auch hier müssen wir die zugrundeliegende Energie erkennen, um den Subtyp benennen zu können.

Leute, die an der Theorie des Enneagramms interessiert waren, haben seine Beziehung zu anderen Typologien untersucht, zum Beispiel zum Jungschen Klassifikationssystem von Introversion/Extraversion, Intuition/Empfinden und Denken/Fühlen. Die Beziehungen entsprechen sich nicht. Aber Landkarten sind nicht das Gelände, und in der Psychologie ergänzen Theorien einander eher, als daß sie sich decken. Sie machen die Muster farbiger, tiefer.

Bei der Anwendung verschiedener Theorien auf einen Menschen lassen sich einige interessante Beziehungen feststellen. Betrachten Sie die Übersicht für Jessica. Der Beschreibung ihrer Subpersönlichkeiten sind die Jungschen und die Enneagramm-Klassifizierungen beigefügt worden.

Jessica kann die Rolle jedes dieser Charaktere spielen. Sie wählt bewußt oder unbewußt mit einem Untertyp eine Subper-

*Subpersönlichkeiten von Jessica*

| Ennea-gramm-Typ | Funktions-typen (Jung) | Rollen | Eigenschaften (körperlich, seelisch, intellektuell und spirituell) | Verinner-lichte Sätze | Ursprünge | Auslöser |
|---|---|---|---|---|---|---|
| **SIEBEN** Gemein-schafts-priorität; Persona | Extravertiert; Fühlen; Empfindung | Gastgeberin; Hausfrau; Lehrerin; Workshop-Leiterin | Körperlich attraktiv, mag bunte Kleidung und ungewöhnlichen Schmuck, viel Energie, farbenfroh, ansteckende Begeisterung, »geerdet«, scharfe Zunge, Humor, intelligent, aufgeschlossen, bringt Leute in Verbindung, behandelt sie individuell **Möchte:** Bewunderung, Wechselwirkung, aufregende Begegnungen mit interessanten Menschen, aber nicht Intimität oder Gleichheit **Braucht:** Menschen, um die sie sich kümmern und mit denen sie inter-agieren kann; daß man ihr etwas gibt; daß ihre egozentrische Autarkie durchbrochen wird | »Nur Arbeit, kein Spiel« macht mich zum Trottel. | Show-Business-Großmutter; Familie billigt Massage und Körperpflege | Kleine Gruppen ihres Publi-kums; Attraktive Männer |
| **ACHT** Paarpriorität; Schatten-Introjekt der Mutter | Introvertiert; Intuition; Fühlen | Versagen | Körperlich unattraktiv, einsam, hoffnungslos bis zum Selbstmitleid, seelisch »abgeschaltet«, passiv, in spiritueller Hinsicht verzweifelt, ißt zu viel, trinkt zu viel, fernsehsüchtig, arbeitssüchtig **Möchte:** daß man sich um sie kümmert; Verantwortung, Schmerz, Einsamkeit, Leere und dem Gefühl entfliehen, in der Liebe versagt zu haben **Braucht:** daß man sie so liebt, wie sie ist, nicht wegen dem, was sie tun kann | Nichts ist wichtig, weil ich nieman-dem wichtig bin. | Bedingte Liebe von den Eltern; in der Kindheit Flucht in Bücher, verbunden mit einer arbeits-süchtigen Flucht in das Leben an-derer Menschen | Situationen, in denen sie nicht gesehen oder ge-schätzt wird |
| **FÜNF** Persönliche Priorität; Künstler | Introvertiert; Fühlen; Intuition und Empfin-dung im Gleichge-wicht | Seherin; Tänzerin; Kunsthand-werkerin | Bewußtsein für Materielles, besonders für Strukturen; verliert sich selbst im Schreiben, Gestalten, sieht Muster und Form; nicht daran interessiert, es für andere zu tun, sondern freut sich an den Ergebnissen; »egoistisch«; fühlt sich von professionellen Subpersönlichkeiten aus-gebeutet und benutzt; ärgert sich über fehlende Zeit, um Fertigkeiten zu entwickeln; konkurriert nicht **Möchte:** Zeit und Gelegenheit **Braucht:** Zeit und Gelegenheit | Sich und feiere. | Vater, der schrieb und malte | Zugang zu gutem Mate-rial und kreativen Menschen; Erfahrungen an der Kunst-akademie |

*Subpersönlichkeiten von Jessica (Fortsetzung)*

| | | | | | | |
|---|---|---|---|---|---|---|
| **FÜNF** Gemeinschaftspriorität; kreativer Animus | Extravertiert; Intuition; Denken | Juristin; Lehrerin; Schriftstellerin | Gleichgültig gegenüber dem Aussehen, vermittelt viel Energie, Begeisterung, schnelle Hier-und-jetzt-Intelligenz, bewußt, aber nicht persönlich betroffen, distanziert, hehre Grundsätze, visionär, fasziniert von der Wechselbeziehung zwischen den Ideen, effizient darin, Ideen zu verpacken und zu verkaufen, wirbt für sich, kommerziell, kompetent, arbeitet sehr hart, dominierend. **Möchte:** Macht, Beifall, Präzision, Effizienz. **Braucht:** Angemessenen Bereich und Begrenzung der territorialen Ambitionen | Das Leben ist ernst. Nur Arbeit ist wichtig. Schau, es ist offensichtlich. Laß es mich graphisch darstellen. | Vater war Chirurg. Unerfüllte Ambitionen und Wut der Mutter | Fast alles |
| **FÜNF** Persönliche Priorität; Töchter | Introvertiert; Intuition; Fühlen | Ehefrau; Mutter; engagiert sich selbstlos; hat persönliche religiöse Erfahrungen; Schriftstellerin und Lehrerin im Bereich der Ethik | Gleichgültig gegenüber dem Aussehen; akzeptiert Armutswerte, die mit sozialer Ungerechtigkeit zusammenhängen; traurig, bekümmert, voller Zweifel, unsicher; ängstlich; fürsorglich; Tränen steigen leicht auf; langsamer Denker; mystischer Visionär; akzeptiert die sich wiederholende Abfolge von Tod, Versagen, Wiedergeburt im Leben; akzeptiert die Suche nach Weisheit und Sinn; passiv, wenig Energie; kümmert sich leidenschaftlich um einzelne Freundschaften, hat aber auch die Emily-Dickinson-Eigenschaft der inneren Arroganz. **Möchte:** Zeit zum Beten, Äußern und Erforschen. **Braucht:** Ein aus Verehrung und Gebet bestehendes Leben; Zeit, um Einsichten anderer Subpersönlichkeiten zu integrieren | Ich will im Leben wissen, lieben und dienen. | Die religiösen Werte der Mutter; Religionsunterricht und -Studium; frühe Naturerfahrungen in der Sierra; elitäre Lektüren und Freundschaften | Morgendämmerung; Einsamkeit; Briefe von Freunden |
| **EINS** Paarpriorität; Negatives Animus-Introjekt des Vaters | Extravertiert; Empfindung; Denken | Ehefrau | Körperlich unattraktiv, fühlt sich arm, kümmert sich nicht um Dinge, die mit Schönheit und Gesundheit zu tun haben, argwöhnisch, trotzig, fühlt sich machtlos, heikel, beschränktes Bewußtsein, wenig aufnahmefähig, intolerant, engstirnig, jammert, fordernd, greift indirekt an, rechtfertigt ständig, ist aber nicht zu fassen. **Möchte:** Rache, Anerkennung. **Braucht:** daß man ihr etwas gibt; daß die zugrundeliegenden Werte akzeptiert werden | Du schätzt mich nicht. Ich werde es dir zeigen. Wer braucht dich schon? | Beziehung zum Vater | Kritik oder das Gefühl, nicht gesehen zu werden |

sönlichkeit, die zu Geschehen und Rahmen paßt. Ein psychologisches System sollte nicht als Ideologie benutzt werden. Die Hilfsmittel Enneagramm, Jungsche Analyse, Behaviorismus und andere Systeme decken sich nicht völlig. Sie sind eher wie farbige transparente Folien, die schichtweise über ein Schwarz-Weiß-Bild gelegt werden.

Eine gute Theorie ist kohärent und konsistent, aber je umfassender sie ist, um so besser ist sie auch. Der besondere Vorzug des Enneagramms besteht in der großen Zahl variabler Charakteristika, die es verbindet, und der Logik ihrer Beziehungen.

Kapitel 6

# Die neun Typen in Beziehung zur Jungschen Psychologie

*Für Leser, die mit der Jungschen Psychologie und ihren Beziehungen zum Enneagramm nicht vertraut sind*

Viele Menschen fühlen sich zu Beginn ihres Enneagramm-Studiums von den ihrer Meinung nach ziemlich negativen Beschreibungen abgestoßen. »Warum wird so sehr betont, was nicht in Ordnung ist, und nicht das, was in Ordnung ist?« In Reaktion darauf unterstreichen einige Workshop-Leiter die Großartigkeit unserer verschiedenen Gaben. Trotzdem existiert das Enneagramm hauptsächlich, um uns zu lehren, über die Betrachtungsweise unseres kleinen Ichs hinauszugehen und zu einem umfassenderen Verständnis für den Grund unseres Daseins zu gelangen. Das ist keine kleine Aufgabe. Information ist nicht genug.

Wir werden in Veränderungen hineingestoßen und -gezogen. Das Ausmaß unseres Unbehagens drängt uns zur Veränderung, und uns zieht an, was wir durch sie zu gewinnen hoffen. Wir sehen nicht gern unangenehme Einzelheiten an uns selbst. Wir müssen unsere Schwierigkeiten in einem anderen Rahmen sehen, um zu verstehen, daß sie einen Schatz enthalten, auf den wir Anspruch erheben können. Groll zum Beispiel impliziert, daß jemand Vollendung und Schönheit sieht. Der Groll hat einen Sinn, den wir noch nicht erfaßt haben. Vieles an uns erkennen und schätzen wir nicht.

Die Persönlichkeitsbeschreibungen und die Rollenspiel-Übungen haben Ihnen Enneagramm-spezifische Informationen gegeben. Ein paar Jungsche Definitionen und Angaben über die Art und Weise, in der sie miteinander verknüpft sind, kann für Ihre weitere Arbeit von Nutzen sein.

Das Lebensskript und andere Merkmale »unseres« Wortbündels gehören zum *Ich.* Das Ich ist das Zentrum der bewußten Persönlichkeit. Obwohl wir es einfach als »ich« oder »mich« bezeichnen, enthält es einen ganzen Komplex von Aktivitäten. Wir wollen etwas, wir entscheiden uns, und wir erinnern uns. In der Kindheit lernen wir, die Anforderungen von Eltern und Gesellschaft zu erfüllen. Unser Ich umfaßt kollektive gesellschaftliche und moralische Wertvorstellungen und eine Strategie zum Überleben.

Wenn unser Ich sich entwickelt, kommt es innerlich zu einem Bruch. Wir beschäftigen uns mit Gefühlen, Einstellungen und Gedanken, die nicht zu den Gesetzen und Regeln unserer Umgebung passen. »Ungehorsam« weckt Abscheu vor sich selbst, Angst und Schuldgefühle, vermischt sich aber auch mit aufkommendem Selbstvertrauen. Wir lernen, die schmerzhaften Konflikte, die sich aus unseren »unpassenden« Gedanken und Gefühlen ergeben, zu unterdrücken und manchmal auch vollständig aus unserem Bewußtsein zu verdrängen. Sie sammeln sich in dem, was Jung den *persönlichen Schatten* nannte. Der Schatten enthält die »inakzeptablen« Gefühle, Begierden, Gedanken und instinktiven Impulse, aber auch andere Möglichkeiten, wir selbst zu sein, die wir noch nicht entdeckt haben. (Dies bedeutet, daß er auch das abgelehnte verwandelnde Element enthält.)

Das *Selbst,* das unbekannte Zentrum unserer Gesamtpersönlichkeit, ist ebenfalls ein dynamischer Prozeß, ein Zustand der Ganzheit und Einbeziehung. In potentieller Form schließt es unser bewußtes Ich, unser persönliches Unbewußtes und, wie ein Hologramm, alles das ein, was wir bewußt sind oder werden können, auch das verwandelnde Element. Alle Punkte des Enneagramms sind Teil dieser tieferen Realität und bieten einen Ausblick auf sie.

Ein innerer Drang, der vom Selbst ausgeht, scheint uns anzutreiben, eine einheitliche Persönlichkeit zu formen. Er wird stärker, während wir auf unsere Lebensaufgaben reagieren. Das Großartige am Kreislauf des menschlichen Lebens ist, daß – wenn wir die Botschaft nicht gleich beim ersten Mal verstehen – die Themen, mit denen wir uns beschäftigen müssen, immer wieder auftauchen, bis wir endlich begreifen.

Wenn wir beginnen, aus unserer Persönlichkeit eine Einheit zu machen, werden wir durch unsere Projektionen wieder mit den Teilen konfrontiert, die wir verdrängt haben. Wir reifen, wenn wir diese Gedanken und Empfindungen mit in unser Selbstgefühl aufnehmen. Die Integration kann erst stattfinden, wenn wir diese Neigungen zulassen und sie bis zu einem gewissen Grad verwirklichen. Wie können wir diesen inakzeptablen Charakterzügen einen Platz in uns einräumen?

Der *Schatten* nimmt bei jedem Enneagramm-Programm eine andere Form an. Er scheint abstoßend und inakzeptabel und kann, wenn wir uns ihm entfremden, unser Verhalten auf unangenehme Weise beeinflussen. Das Bekenntnis zu unseren dunklen Aspekten bedeutet, daß wir das Problem nicht länger im Unbewußten lassen und es daher wahrscheinlich nicht mehr projizieren oder ableugnen. Wir können es nicht loswerden und müssen uns mit ihm beschäftigen. Aber wie?

Offenbar ist die Begegnung mit irgendeiner Form des Bösen (Schmerz, Sinnverlust, etwas scheinbar Destruktivem) notwendig, um uns auf den Weg der Bewußtwerdung zu bringen. Oft kämpfen wir gegen das Gefühl an, in einer Sackgasse zu stecken. Unsere Aufgabe besteht dann darin, die Spannung der Gegensätze freiwillig auszuhalten (»Ich kann nicht, und doch muß ich«). Dann tritt eine kleine Veränderung ein. Und durch diesen plötzlich spürbaren Wandel weitet sich das Bewußtsein. Die persönliche Ganzheit, die aus der Überwindung einer

Unvollkommenheit entsteht, erfordert das Eindringen in Realitäten, von denen wir lieber nichts wissen würden. Während wir ein gesondertes und vollständiges Individuum werden, erkennen, verändern und vereinigen wir unsere unbewußten inneren Widersprüche. Sie sind uns zuerst als Charakteristika anderer Menschen aufgefallen. Wir haben sie nicht als Projektionen unserer Eigenschaften gesehen. Wie ein Filmprojektor, der ein Bild auf eine Leinwand wirft, haben wir Menschen ausgesucht, auf die wir projizieren konnten. Oft hatten sie eine uns ähnliche Eigenart, die als »Aufhänger« fungierte, aber unsere Projektion hat sie übertrieben. Wir haben sie vergrößert, um unsere eigenen Fehler zu behalten. Wenn wir diese projizierten Eigenschaften wieder in Besitz nehmen, kommt das Selbst zum Vorschein. Unter der verzerrten Sichtweise unseres kleinen Ichs finden wir eine tiefere Einheit. Im Verlauf der Selbstwerdung erkennen wir, daß wir eine wesensmäßige Verbindung zu anderen Menschen haben. Das Enneagramm ist wie ein Netz, in dem die Fäden zusammenlaufen. Wir brauchen Offenheit und Umsicht, um seinen schöpferischen Inhalt über die Schwelle des Bewußtseins zu befördern. Wenn wir dies tun, *wissen* wir um unser Menschsein und den gemeinschaftsbedingten Aspekt unserer Identität.

Wenn wir an unserer Individuation arbeiten, bauen wir auf den Gedanken und Einsichten anderer auf und ringen um ein kollektives Bewußtsein, das alles einbezieht. Gruppentherapie, Zwölf-Schritte-Programme, spirituelle Gemeinschaften, Lehrer, und andere Ratgeber können helfen. Der häufigste Weg zur Selbsterkenntnis wird jedoch oft nicht als solcher erkannt. Eine Partnerschaft, besonders eine Ehe, ist eine unvergleichliche, lebenslange Übung, wenn wir sie mit Engagement leben.

Die zweite Hälfte dieses Buchs beschäftigt sich mit den vier großen Phasen des Partnerschaftswegs zur Selbsterkenntnis. Weil das Wissen um Gruppenprozesse zu unserem Verständnis einer individuellen, am Enneagramm orientierten Verwandlung beiträgt, geht es im letzten Kapitel um die Beziehung zwischen Individuum und Gemeinschaft.

Zweiter Teil

# DER PARTNERSCHAFTSWEG ZUR SELBSTERKENNTNIS

Kapitel 7

# Die vier Phasen in Partnerschaft und Ehe

*Eine Übersicht über die vier Phasen der Partnerschaft – Individuation ist wie Erleuchtung – Äußere Muster mit dem Partner sind mit inneren »Seelen«-Ereignissen verbunden*

Kein Kind, das Fernsehen schaut, wird den alten Vers »sie verliebten sich, heirateten und waren für immer glücklich« akzeptieren. Situationskomödien, Seifenopern und sogar Comic-Strips bauen ihre Story um die Mißverständnisse von Menschen herum auf, die versuchen, einander nahe zu bleiben.

Den meisten von uns fallen schnell Möglichkeiten ein, mit einem Menschen in Verbindung zu kommen, der uns anzieht. Wir spielen mit Möglichkeiten und unseren Reaktionen. Unsere Beziehungen entwickeln sich. Die meisten Phasen sind nicht so offensichtlich wie die Zeit des Verliebtseins oder des Bruchs. Die Phasen verlaufen parallel zu einer inneren Arbeit, die jeder von uns zu tun hat, wenn er lernt, der zu werden, der er sein kann. Wir können steckenbleiben, und unsere Partnerschaft kann steckenbleiben.

Manchmal richten Beziehungen sich in Verzerrungen der Anfangsphasen ein. Das Paar tut, als *wäre* es eine liebende Einheit, und leugnet alle Differenzen. Oder es schlüpft in Rollen, die die Familie in Gang halten, wobei die tiefere, umfassendere

Realität der Partner aber nicht gesehen und entwickelt wird. Partnerschaften dagegen, die beiden Partnern ein leidenschaftliches und bewußtes Leben gestatten, durchlaufen ganz bestimmte Phasen. Keine wird übersprungen, auch wenn die in einer Phase verbrachte Zeit Tage oder Jahrzehnte dauern kann. Jede Phase verändert die Beziehung, gibt ihr eine neue Form und bietet bestimmte Aufgaben. Jede entwickelt sich aus der vorhergehenden und bereitet auf die nächste vor. Wenn wir das Bündel unserer Enneagramm-Merkmale und das unseres Partners verstehen, können wir die Aufgaben besser erkennen und Prioritäten setzen. Wenn etwa ein Partner unter starkem Streß steht, verlagert sein gesamter Verhaltenskomplex sich zum Streßpunkt (nächster Punkt mit dem Pfeil). In solchen Zeiten funktionieren die üblichen Problemlöse- und Kommunikationsfähigkeiten nicht mehr. Wir müssen uns erst mit dem Streß beschäftigen.

*Carl, Bauträger und Politiker, geriet in ernstliche Schwierigkeiten, als der Grundstücksmarkt zusammenbrach. Er konnte verschiedene Liegenschaften nicht verkaufen, kein Geld auftreiben, um die Kosten für sie weiterzuzahlen, und sah sich verheerenden Zwangsvollstreckungen gegenüber. Er meinte, auch seine politische Glaubwürdigkeit stünde auf dem Spiel. Er war normalerweise ein sehr sympathischer Bonvivant mit einem Dutzend schwebender Projekte (Enneagramm SIEBEN), funktionierte aber nun gegenüber seiner Frau völlig im Modus seines Streßpunktes (Enneagramm EINS, selbstgerecht). Er konnte weder akzeptieren noch besprechen, daß sie zögerte, ererbte Aktien zu Geld zu machen, um ein »neues Unternehmen zu finanzieren, das uns retten könnte«. Er mußte erst eine Lösung für sein Finanzdilemma finden, bevor er an das Partnerschaftsproblem »gemeinsame Entscheidungsfindung« herangehen konnte.*

Wenn unser Partner zu seinem Normalpunkt zurückgekehrt ist, können wir reden. Probleme in bezug auf Geld, berufliche Spannungen, Zeitgestaltung, Kinder, Substanzmißbrauch, Freunde, Verwandte und unterschiedliche sexuelle Rhythmen sind bei den meisten Paaren üblich. Wir prüfen sie, um ihre

Gewichtung und ihre Dringlichkeit zu verstehen und sie, wenn möglich, zu lösen.

Mit Hilfe der Übungen in Teil I haben wir unseren Persönlichkeitstyp, den unseres Partners und einige der Unterschiede erkannt, die wir beim Blick auf unsere gemeinsame Welt machen. Die Kenntnis des Enneagramms bringt unsere Beziehungsprobleme jedoch nicht zum Verschwinden. Es braucht Zeit, bis wir gelernt haben, die Informationen zu benutzen.

Zuerst kommt der Mißbrauch. Um ihn scheint kein Weg herumzuführen. Die Informationen faszinieren uns, und wir möchten sie testen. Aber die meisten von uns lassen sich nicht gern »etikettieren«.

Wir geben unerbetene Beurteilungen ab – ein häufiger Mißbrauch diagnostischer Information. Wie der Zauberlehrling neigen wir dazu, die Einzelheiten zu verdrehen, und wie bei einem Kind, das ein Skalpell benutzt, wird das Werkzeug zu einer ungenauen und abstoßenden Waffe. Wenn das Enneagramm negativ benutzt wird, ist es gefährlich. Es lohnt sich, an das Sprichwort zu denken: Die, die wissen, reden nicht; die, die reden, wissen nichts.

Audrey Fain hat in ihrer Doktorarbeit über Paare, die in ihrer Beziehung das Enneagramm benutzen (1989) eine Abfolge von Phasen identifiziert, deren erste von Vorwürfen gekennzeichnet ist. Dann kommen Phasen, in denen jeder Partner die Unterschiede akzeptiert und toleranter und verständnisvoller wird. Jeder übernimmt mehr Eigenverantwortung, kommuniziert wirksamer und entwickelt Humor.

Die folgende Übersicht beschreibt die vier großen Phasen des Partnerschaftswegs zur Selbsterkenntnis.

*Der Partnerschaftsweg zur Selbsterkenntnis*

## VERLIEBTHEIT

**Eine Zeit der Leidenschaft,** des Aufschwungs und der kreativen Energie. Der Liebste – nicht nur der, den wir sehen, sondern sehr viel mehr der, den wir *nicht* sehen – wird zu unserem *Projektionsschirm.* In gewisser Weise reduzieren wir unsere Sicht vom anderen auf Aspekte und Charakteristika, die wir gerne besäßen. Aber durch die Projektion werden diese Eigenschaften nicht als zu uns gehörig gesehen, nicht entwickelt und nicht integriert. *Wir sind davon abhängig, daß der andere unerkannt bleibt, denn nur so können wir die Projektion aufrechterhalten, die wir zum seelischen Wachstum brauchen.*

Wir werden von den positiven **Enneagrammpunkt** und den Integrationspunkt-Charakteristika unseres Partners angezogen.

**Aufruhr der Instinkte:**

*Normales menschliches Verhalten* ist nicht unbedingt gesellschaftlich akzeptabel.

– Aggression beim Werben, Jagen und Fangen – der Versuch, für die Projektionen des anderen einen »Aufhänger« zu bieten

– Aggression durch unerwiderte Liebe, extreme Einsamkeit und wachsende Spannung. Aggression in eifersüchtigen Phantasien.

– Sex – Bewußte Einstellungen und Ideale lenken unser Verhalten nicht immer. »Wild und willig« fühlt sich für Verliebte richtig an. Sie sind wie Kinder und außer Kontrolle.

**Geistige und emotionale Lebendigkeit:** Freude über neue Reaktionen auf alte Ziele und Ereignisse und die Offenheit für neue Ideen. Der »andere« wird mit Geheimnis umgeben. Dieser exquisite Zustand, sich und den Partner zu kennen und doch nicht zu kennen, kann seinem Wesen nach nicht andauern, aber durch ihn werfen wir einen flüchtigen Blick auf die Möglichkeit einer Ganzheit, nach der wir uns später immer sehnen.

## ANPASSUNG DER ROLLEN IM HINBLICK AUF DIE MACHT-STRUKTUR

Eine **Arbeits-Partnerschaft** beginnt zu Hause, mit den Kindern und in der Gemeinschaft. Die persönliche Beziehung verändert sich, wenn wir Regeln, Rollen und Erwartungen schaffen, die die Partnerschaft bestimmen. Streß findet durch die Finanzen, den Beruf und andere Menschen Eingang.

Mit der ersten *Unterdrückung des eigenen Selbst aus Angst, den Partner zu verlieren,* beginnt eine Anpassung an Machtstrukturen, die frühere Anpassungen an Autoritätsfiguren spiegelt. Mit kindlichen Methoden rebellieren wir und passen uns dem an, was der andere erwartet. Lebendigkeit und Übereinstimmung nehmen ab, wenn *wir unser Leben so strukturieren, daß es Geist und Stil unseres Jahrzehnts entspricht.* Obwohl wir in vieler Hinsicht produktiv und zufrieden sind, fühlen wir weniger Schwung.

**Wir agieren von der Abwehrhaltung unseres jeweiligen Enneagramm-Punkts aus;** wir vergessen, wer wir sind und welche gemeinsame Vision vom Leben wir hatten. Diese Art Arbeits-Partnerschaft kennzeichnet die meisten Ehen die meiste Zeit und kann unbegrenzt andauern, wenn nicht eine Krise ausbricht.

## VERDUNKELNDER KONFLIKT

Wenn der *(innere oder äußere)* *»andere« verlangt, gesehen zu werden:* Dissonanz! Sex ist gehemmt und lustlos; die Projektionen führen zu Familieninzesttabus, das heißt wir *wollen* keinen Partner, der wie unser Kind oder unser Vater/ unsere Mutter ist.

*Wir leiden unter dem Gewicht einer stark geregelten Partnerschaft* und haben nicht mehr die Illusion, daß Formalität plus Zusammenleben Vertrautheit ergibt. Wir sind deprimiert, wütend und verletzt und haben Trennungsphantasien. Wir haben unsere Selbstachtung verloren. Wir sehnen uns WEG, möchten das Monster, das wir vorher liebten, hinauswerfen, lossein. Wir sind enttäuscht – *und haben es eilig!*

Positive Lebensaspekte werden auf die äußere Welt projiziert, eine neue Karriere, eine neue Verliebtheit oder eine religiöse Bekehrung.

**Verwendung von Enneagramm-Streßpunkt-Verhaltensweisen. Mögliche Reaktionen auf den Partner:**

1. Wir weigern uns, Unterschiede anzuerkennen und uns mit ihnen zu beschäftigen; wir verdrängen Fakten und unsere Reaktionen. Später wiederholen wir das Problem wahrscheinlich mit einem anderen Partner.

2. Wir versuchen, den Partner durch Wut, Mißbilligung, Rückzug oder Schmollen zu dirigieren.

3. Wir experimentieren mit der Trennung. *Ziel der äußerlich vollzogenen oder nur innerlichen TRENNUNG ist DIE ERINNERUNG AN DAS SELBST und Bewußtheit und Leidenschaft.*

4. Beklommen und zwiespältig beginnen wir mit der Arbeit, den Schatten zu integrieren. Wir haben uns zu sehr darauf konzentriert, wie das Leben sein sollte; wer wir und unser Partner sein sollte; nicht genug darauf, wer wir und unser Partner sind.

## ERINNERUNG AN DAS SELBST UND ERGÄNZUNG ZUR EINHEIT

Unsere Fähigkeit zur Reflexion kann eine *durch* (persönliche oder kollektive) *Vorurteile nicht verzerrte Innenschau entwickeln.* Wir erkennen, daß das Bild »Ich bin das Opfer, du der Peiniger« eine Verzerrung ist.

Durch das **Erinnern** verbinden wir unser aktuelles Partnerschaftsproblem mit unserem übrigen Leben, damit, WER WIR SIND UND WER WIR WERDEN – WER WIR WAREN UND WOHER WIR KOMMEN. Wir finden die Grenzen unserer Persönlichkeit und ihre Möglichkeiten. Oft finden wir einen Ausweg aus der schmerzlichen Situation und kommen mit demselben Partner zu einer anderen Beziehung.

Wir lernen die Verwendung des **abgelehnten Enneagramm-Elements,** nachdem wir untersucht haben, wie der Partner dieses Element für uns festgehalten hat. Wir gehen von der Distanzierung zu Beobachtung und Verständnis, und dann vom Verständnis zu einer Einfachheit im Hier und Jetzt.

*Für unsere Vervollständigung, Ganzheit und Gesundheit brauchen wir Beziehungen.* Wir müssen werden, wer wir sind – und *den natürlichen Schmerz ertragen, der sich aus unserem Sosein ergibt.*

*Liebe ist eine zutiefst hingebungsvolle Verpflichtung, die ihre Grundlage in der Realität hat.* Das Wohlergehen des geliebten Menschen ist für unser eigenes unentbehrlich. Ziel unserer inneren Arbeit ist Leidenschaft und Bewußtheit. Durch Mitgefühl mit unserem Partner erneuern wir die Zuneigung zu ihm.

**Vergebung:** Wir konfrontieren uns mit dem Drang unseres eigenen Schattens zur Macht und seine Lust am Konkurrieren. Wer lernen, unserem Partner, unseren Eltern und uns selbst zu vergeben.

TEIL I:

AUSSENWELT UND BEZIEHUNG ZUM PARTNER

*Der Partnerschaftsweg zur Selbsterkenntnis*

## VERLIEBTHEIT

**Vor-Phase:** Stagnation mit geringem bewußtem Gewahrsein. Die Psyche rebelliert gegen ein zu enges Ich, das mit dem SELBST nicht in Kontakt ist; dann *verliebt man sich.*

– Schlafende Teile unserer Persönlichkeit und kreative Energien erwachen
– Unsere gegengeschlechtlichen (Anima/Animus-) Aspekte werden auf den anderen projiziert
– Unsere Persona wird deutlicher und von einer archetypischen Verbindung zum SELBST geschützt/umfaßt
– Unser Ich *ist erfüllt vom eigenen Selbst,* selbstbewußt, voller Energie.

*Die Psyche wird durch das Verliebtsein aktiv,* rezeptiv, spirituell und gefühlvoll. Projektion ist notwendig, damit diese inneren Eigenschaften erkannt werden können. Die Tore zum Unbewußten sind weit offen. Sex, Sinne, Vertrauen und Energie werden anders erlebt.

## ANPASSUNG DER ROLLEN IM HINBLICK AUF DIE MACHT-STRUKTUR

**Wechselwirkung zwischen Ich, Anima/Animus und Schatten:** Mit Hilfe von Abwehrmechanismen verdrängen wir Eigenschaften oder Gefühle, um die Aufmerksamkeit von inakzeptablen

– positiven und negativen – Charakteristika, Bedürfnissen, Gefühlen, Erinnerungen und Phantasien abzulenken.

*Die einfachste Methode, den Konflikt zu verbreiten, besteht darin, unbewußt zu bleiben.* Wenn wir Beziehungen festigen, *identifizieren wir uns mit kollektiven Bildern* – jedermann/jederfrau. Unterschiede werden ignoriert.

Symptom einer größeren Schwierigkeit: Verdrängung und eine Anpassung, die sich von der lebendigen persönlichen Kraft entfernt.

*Schatteninhalte werden auf den Partner projiziert,* den wir auch mit der *Autorität des Kollektivs* ausstatten, ein Bild, das uns einengt und unsere Ausdrucksmöglichkeiten einschränkt.

## VERDUNKELNDER KONFLIKT

**Chaos des inneren Ringens:** Schmerz hindert das Ich daran, das Gleichgewicht wiederherzustellen, aber alle anderen psychischen Elemente drängen und ziehen. Der Schatten und negative Anima/Animus-Projektionen auf den Partner werden stärker. Eine Flut von Schatten-Gefühlen und -Wahrnehmungen in bezug auf Macht, Treubruch und Verlassenwerden werden auf den Partner projiziert. Positive Lebensaspekte werden auf die Außenwelt projiziert, eine faszinierende neue Karriere, eine neue Verliebtheit oder eine religiöse Bekehrung.

**Veränderung:** Hängt völlig von unserer bewußten Beteiligung an unserem Drama ab, dem Entschluß, uns auf unser Bedürfnis nach Veränderung zu konzentrieren, während wir uns nach einer tieferen Beziehung und dem instinktiveren Ausdruck von Sex und Aggression sehnen.

Die in dieser Phase verbrachte Zeit kann Tage oder Jahre dauern.

## ERINNERUNG AN DAS SELBST UND ERGÄNZUNG ZUR EINHEIT

**Erinnerung:** Wir akzeptieren und integrieren Teile von uns selbst, die wir aus privaten und kulturellen Gründen nicht kennen und sehen wollten.

Wenn wir uns von unserem Schattenprozeß befreien, wird das **Enneagramm**-Skript deutlicher, und die Stärke des jeweiligen Punkts wird erreicht.

Schmerz treibt uns zur Selbsterkenntnis.

Schritt für Schritt begegnen wir unserem Schatten, unserer negativen Anima bzw. unserem negativen Animus und unserer Verwendung von Zeit und Gesellschaft. Erinnerungen informieren uns nicht nur über den uns angetanen Schmerz, sondern auch über den Schmerz, den wir bereitet haben. Durch das Vermeiden unseres Schmerzes haben wir anderen Schmerzen zugefügt, besonders den Menschen, die uns am nächsten stehen.

Die *Wieder-Aneignung* der positiven Anima bzw. des positiven Animus bringt die Psyche schließlich wieder zurück zur Beziehung und zum SELBST, und das nicht nur in Reaktion auf den Partner.

Sie führt das Ich in neue Teile der Persönlichkeit ein. Instinkte, Aggression und Sexualität werden als Teil des SELBST integriert.

TEIL II:

INNENWELT UND BEZIEHUNG ZU DEN UNBEKANNTEN TEILEN VON UNS SELBST

Die nächsten Kapitel und Übungen verbinden jede Phase mit Ihrem Leben, wenn Sie die Fragen beantworten und mit Ihrem Partner die Rollen tauschen. Jeder Partner kann das Bewußtsein des anderen für seine Schatteneigenschaften und die zu ihrer Bewältigung notwendige Arbeit schärfen. »Richtig/falsch«-Spiele gehören dabei nicht zu Sache. Kein Partner braucht sich schuldig zu fühlen; es ist klar, daß jeder ein anderes Schattenproblem hat. Jeder hat an etwas anderem zu arbeiten, aber die Arbeit berührt den Kern der Beziehung und geht in sie ein.

Kapitel 8

# Verliebtheit

*Leidenschaft, Aufschwung, kreative geistige und seelische Lebendigkeit,
schwer zu akzeptierende Instinkte,
Projektion alles Wünschenswerten auf den Partner*

Die Erfahrung des Verliebtseins ist für die Romanze zentral. Bis zu einem gewissen Grad ist sie bei allen großen Verpflichtungen erforderlich. Wir verlieben uns, um zu wissen, wer wir sind. »Lau« funktioniert nicht, wenn unser Partner, unser Baby, unser Beruf oder unser spiritueller oder religiöser Weg uns anziehen.

Wir sehnen uns danach, unsere Leben miteinander zu verschmelzen. Wir möchten eins werden und uns der/dem Liebsten leidenschaftlich verbunden fühlen. In diesem Stadium spüren wir unbekannte, deutlichere Körperempfindungen. Unsere Haut spürt jede Berührung. Wir beobachten Einzelheiten, die wir vorher nicht gesehen haben. Wir hören mehr. Unsere Energie verströmt sich. Die Zeit jagt dahin oder steht still, je nachdem, ob wir zusammen sind oder getrennt. Seltsame Gefühle und Wünsche, aggressiv oder masochistisch zu handeln, erschrecken uns. Wir haben Angst, einander zu verlieren. Wenn wir getrennt sind, fühlen wir uns einsam und unvollständig.

Heftige Stimmungsschwankungen mit gefährlichen, zwanghaften, pubertären, unkontrollierten Gedanken und Gefühlen werden vertraut. Unsere Übereinstimmungen mit unserem Partner überwältigen uns; wir übersehen die Unterschiede. Wir umgeben unseren Partner mit Geheimnis. Unser Liebster, nicht nur der, den wir sehen, sondern sehr viel mehr der, den wir nicht sehen, wird zu unserem *Projektionsschirm*. In gewisser Weise reduzieren wir unsere Sicht vom anderen auf Aspekte und Charakteristika, die wir gerne besäßen.

Die Projektion der Charakteristika verhindert, daß wir sie als unsere besitzen, entwickeln und integrieren, aber wir werden ihrer im Partner bewußt und schätzen sie in ihm. *Wir sind davon abhängig, daß der Partner teilweise unerkannt bleibt. So können wir die Projektionen entwickeln, die wir zum seelischen Wachstum brauchen.*

Währenddessen geben und nehmen wir ohne Schwierigkeiten. Wir erwarten nicht, daß unsere Liebste sich ändert, um uns zu gefallen. Wir sind angeregt, empfindsam und stimuliert. Keiner von uns möchte unsensibel oder egoistisch erscheinen. Ein kindlicher Teil hat in jedem von uns einen Fluß innerer und äußerer Möglichkeiten wiedererweckt. Wir fühlen uns lebendiger. Wir sehen und schätzen unsere Qualitäten mit den Augen unseres Liebsten. Vielleicht bemerken wir auch, daß wir in dieser Zeit für jeden äußerst attraktiv sind. Wir haben die Aufbruchsenergie, eine Verpflichtung einzugehen und unsere Lebensumstände zu ändern. Alles scheint so zu laufen, wie wir wollen.

Wir verstehen nicht, wie dies geschehen ist, und verwechseln oft Verliebtheit mit Liebe. Beide sind nicht beschreibbare Phänomene, von denen wir nur durch Erfahrung wissen können. In seinem Buch *Coming together, Coming Apart* beschreibt John Destein den Hauptunterschied:

*Verliebtheit ist eine begrenzte Zeit der Leidenschaft und des Erwachens schlafender Teile der eigenen Persönlichkeit, während Liebe eine an der Realität orientierte Verpflichtung und eine tiefverwurzelte Hingabe ist*

*... bei ersterer lieben wir unsere Projektionen auf den anderen, während wir bei letzterer den Menschen lieben, auf den wir projiziert haben.*

Verliebtheit kann wachsen und zu Liebe werden, oder sie ist das vorübergehende Aufflackern einer Leidenschaft, die vergeht. Sexuelle Gefühle, die tiefer als alle zuvor erlebten sein können, reichen von Ekstase bis zur Qual. Wir akzeptieren sogar den Schmerz als Teil der Freude, lebendig zu sein. Sexuelle Einstellungen, Wünsche, Neigungen und Verhaltensweisen sind zwar nur ein Aspekt unseres Bedürfnisses nach Liebe und Vereinigung, beherrschen aber diese Phase. Ob wir es wollen oder nicht, die Sexualität dringt mit fundamentalen Gegensätzen in unser Bewußtsein ein: Besitz/Verlust; Jungfrau/Hure; Beschützer/Satyr. Wenn wir uns verlieben, begeben wir uns in diesen dunklen Bereich der Instinkte.

Das normale menschliche Verhalten ist nicht unbedingt gesellschaftlich akzeptabel. Eine kindliche, unbeherrschte, wildwillige Sexualität fühlt sich für Liebende richtig an. Sie entspricht nicht immer dem Selbstbild, das wir gern von uns hätten. Beim Suchen und Einfangen der Aufmerksamkeit unserer Liebsten können wir ziemlich aggressiv werden. Wir können uns auch aggressiv verhalten, wenn wir an Einsamkeit, Spannung und eifersüchtigen Phantasien leiden, ob die, die wir lieben, auch uns lieben. Alle echten Gefühle – Schmerz, Trauer, Enttäuschung und Freude – verbinden uns mit einem Menschen und einer Umgebung. Die Gefühle haben ein Ziel. Sie geben uns Informationen über unsere emotionalen Reaktionen auf bestimmte Ereignisse und Konflikte.

Das Bedürfnis nach Beziehung, Sexualität und Aggression haben wir mit allen anderen Menschen gemeinsam. Wir leben zu einer bestimmten Zeit in einer bestimmten Gesellschaft – einer Gesellschaft, die auf materiellen Besitz und Konsum besonderen Wert legt. Unsere Bedürfnisse werden kommerziell ausgebeutet. Das Fernsehen und die übrigen Medien verbinden unsere Beziehungsziele mit materiellen Gütern. Marke-

ting-Leute durchsetzen im Kampf um unsere Aufmerksamkeit ihre kommerziellen Botschaften mit sexuellen Signalen und »unterhaltender« Gewalt. Unsere Bewußtheit läßt nach, unsere Reaktionen stumpfen ab, und der Einsatz steigt – mehr Sex, mehr Gewalt, mehr Action. Einige von uns bemerken kaum den Preis – weniger Gespräch, weniger Denken, weniger Gefühl, weniger Fürsorglichkeit, weniger Aufmerksamkeit gegenüber dem subtilen Wechselspiel der Anziehung. Und auch weniger Gemeinschaftssinn, weniger Zivilcourage, weniger Gefühl für unsere Einheit.

Die Verliebtheit ist daher ein großes Geschenk; sie weckt auf natürliche Weise unsere Neugierde, unsere Instinkte und unsere Gefühle, unsere Seele und unseren Intellekt.

Wenn wir verliebt sind, reden wir mehr, und was wir sagen, hat mehr Tiefgang und ist unserem Leben und unseren Ambitionen gegenüber fürsorglicher. Unsere Gefühle drängen uns zu Nähe. Unser Reden verquickt uns mit der Geschichte des anderen. Wir teilen uns unsere Tragödien und Triumphe mit; geben unsere Fehler zu; analysieren unsere Wünsche und Neigungen, unsere Freunde und Familien. Alles bekommt eine größere Bedeutung, wenn die Verliebtheit uns in die Welt des anderen versetzt. Die Kameradschaft mit diesem einen Menschen, der uns wirklich sieht und mag, vertieft sich.

Beim Aufbau der Beziehung zweifeln wir manchmal daran, daß sie dauern kann. Haben wir ein Recht auf solches Glück, auf Leidenschaft und Erfüllung? Dieser exquisite Zustand, sich und den Partner zu kennen und doch nicht zu kennen, kann seinem Wesen nach nicht andauern, aber durch ihn werfen wir einen flüchtigen Blick auf die Möglichkeit einer Ganzheit, nach der wir uns später immer sehnen werden. Jeder sieht die latenten Möglichkeiten des anderen. Jeder genießt großzügig und ohne zu konkurrieren die Qualitäten des anderen.

**Was an der Beschreibung des Verliebtseins war Ihrer eigenen Erfahrung am nächsten?**

**Schreiben Sie alle Menschen auf, die Sie geliebt haben; alle Projekte und Passionen, in die Sie »verliebt« waren. Was haben sie gemeinsam? An welche erinnern Sie sich besonders deutlich?**

**Wir verlieben uns oft in Menschen, deren Charakteristika denen unserer Eltern gleichen. Was fällt Ihnen zu Ihrer Liste ein? Zu den Männern auf ihr? Zu den Frauen auf ihr?**

Frühe Harmonie

**Welcher Enneagramm-Typ sind Sie? Welcher Enneagramm-Typ war/ist Ihr Partner? Haben Sie einen gemeinsamen Punkt oder Flügel? Welche Eigenschaften haben Sie gemeinsam? Welcher Enneagramm-Typ war der mit Ihrem Partner gleichgeschlechtliche Elternteil? Welche Eigenschaften haben sie gemeinsam?**

**Lassen Sie die Charakteristika Ihres Enneagrammhaupt- und -Integrationspunkts noch einmal Revue passieren und achten Sie darauf, wie Sie sie in Ihrer Kindheit oder Pubertät aktiv auf andere projiziert haben.** *Zum Beispiel: Als vorpubertierende Enneagramm-FÜNF las ich die ganze Bücherei durch, von A bis Z. Ich war mit Zane Grey fertig und mit Richard Halliburton schon bei H, als ich die LIEBE entdeckte. Ich wußte nichts über Jungen, aber ich kannte bereits meine Sucht nach Wissen. Wenn ich einmal einen Freund haben würde, müßte er intelligent sein.*

*Bill, ein übergewichtiger, kurzsichtiger High-School-Anfänger mit Akne-Narben, las in diesem Sommer De Joinvilles* Chronicles of the Crusades. *Ich kannte viele Worte, die ich ausgesprochen noch nie gehört hatte. Bei »abysmal« korrigierte Bill mich arrogant, und ich war verliebt! Ich rieche noch das Lagerfeuer, sehe die züngelnden Flammen und höre die Sommertanzband in unserem Rücken. Trotz der in meinem Körper aufkommenden zerschmelzenden Gefühle für diesen »starken, schweigsamen, strengen Menschenführer« besaß ich keine sozialen Fertigkeiten, um seine weitere Aufmerksamkeit auf mich zu ziehen. Ich erfuhr, daß er Zenmeditation praktizierte. In den 40er Jahren war dies inmitten von Jesuiten-Zöglingen nicht avantgardistisch, sondern einfach verrückt. Für mich war es der Haken, an dem ich meine Ideale aufhängen konnte.* Der wirkliche Aufhänger war Bills Ähnlichkeit mit meinem Vater: beide schätzten Wissen, ohne sich von Gefühlen anstecken zu lassen. **Schreiben Sie Ihre Version auf.**

**Beschreiben Sie die Eigenschaften und Charakteristika Ihrer ersten Liebe. Setzen Sie »Ich bin …« oder »Ich habe …« vor die Eigenschaften, die Sie angezogen haben. Wie passen sie?**

**Was ist mit diesen Eigenschaften in Ihrem jetzigen Leben passiert?**

Manchmal dient die erste, noch öfter jedoch die »große Liebe, die jetzt vorbei ist« als Projektionswand, die eine laufende Beziehung verzerrt. »Was hätte sein können« ist immer noch eine latent vorhandene Phantasie, die jederzeit hervorgeholt werden kann. Ein Jungscher Begriff dafür ist *Phantomliebhaber*. Sie können ihn vertreiben, wenn Sie positive Eigenschaften an sich erkennen, die Sie auf den Phantomliebhaber projiziert haben.

**Schreiben Sie zunächst die (positiven und negativen) Eigenschaften Ihres gegengeschlechtlichen Elternteils auf – oder eines gegengeschlechtlichen Lieblingsverwandten aus der Kindheit. Schreiben Sie dann die Eigenschaften Ihres Partners und die von ein oder zwei Menschen aus Ihrer Vergangenheit auf, in die Sie verliebt waren. Zum Beispiel:**

*Vater: Verantwortungsbewußt, fähig, stark und attraktiv, wußte alles über alles, »langweilig, aber zuverlässig«.*

*Onkel: Spielerischer Humor, zeigte uns, wie man zeichnet, mochte Kinder und machte wilde Spiele mit uns. »Schwarzhaariger Ire« mit blauen Augen und leichtem Körperbau. Er wurde »der Verantwortungslose« genannt.*

*Erste Liebe: Humor, künstlerisches Talent, weitgespannte Interessen, spielerisch, unabhängig, schätzte mich, ohne mich zu ernst zu nehmen, groß, dunkel, hübsch. Nicht interessiert an der Ehe.*

*Spätere Liebe: Humor, Wissen und akademische Leistungen, Phantasie, gut aussehend, bis er seinen Bart abrasierte.*

Schreiben Sie Ihre Beispiele auf. Seien Sie so genau wie möglich. Spezielle Einzelheiten in bezug auf Aussehen und Gestalt können Ihnen Hinweise auf »Aufhänger« für Ihre Projektion geben.

Versuchen Sie dieselbe Übung jetzt mit den Eigenschaften des gleichgeschlechtlichen Elternteils.

**Sehen Sie sich Ihre Liste durch. Kennzeichnen Sie – durch Unterstreichen oder mit Hilfe eines Textmarkers – die Eigenschaften, die Sie haben oder aktivieren und entwickeln könnten.** Eine Bezeichnung für das Bild des anderen Geschlechts, das Sie innerlich mit sich herumtragen, lautet *Anima* (die weibliche Seite des Mannes) bzw. *Animus* (die männliche Seite der Frau). **Was fällt Ihnen zur Spannweite der aufgeschriebenen Eigenschaften ein?** *Zum Beispiel: Verantwortungsbewußt/verantwortungslos ist für mich innerlich immer noch ein Problem.* **Stellen Sie sich als den Menschen vor, der die positiven Eigenschaften hat. Nehmen Sie sie für sich in Anspruch. Kommen Sie dann zu sich selbst zurück und notieren Sie ein paar Attribute. Wie sind Sie?** *Zum Beispiel: Lachen und Funkeln, schnelles Denken und unbekümmerter Humor, freundlicher, weniger kritisch, aufmerksam, liebevoll, weicher, sehe besser aus, Leben ist leichter.* **Machen Sie Ihre eigene Liste.**

**Wie erleben andere Menschen Sie?** *Zum Beispiel: produktiv, kreativ, intelligent, lustig.* **Machen Sie Ihre eigene Liste.**

**Was hat Sie, wenn Sie verliebt waren, an Ihrer Aggression überrascht? An Ihrer Sexualität? An Ihrer Stimmung? Ihrem Intellekt? Ihrer Spiritualität? Was aus dieser Zeit Ihres Lebens würden Sie besonders gern wiederhaben?**

**Was könnte der Grund dafür sein, daß Sie in diese Phase *nicht* wieder hineingehen wollen?**

Kapitel 9

# Rollenanpassungen

*Die Partnerschaft funktioniert, aber das Selbst wird unterdrückt –
dann drängt das Enneagramm-Verhalten uns zu Anpassung
oder Rebellion*

Ein kritisches Geschehen verändert unseren Zustand der Verliebtheit. Es beginnt beim allerersten Mal, wenn einer von uns dem Wunsch des/der Liebsten nachgibt und dabei aus Angst, den Partner oder dessen Wertschätzung zu verlieren, seinen eigenen unterdrückt. Wir haben das Gefühl, unsere Spontaneität zu zügeln, einen Aspekt von uns zurückhalten oder unterdrücken zu müssen, um unsere/n Liebste/n zu halten. Diese Reaktion ist vertraut. Früher im Leben waren wir uns unseres Wertes weniger sicher. Unsere jetzige Reaktion erwächst genauso wie damals aus der Angst vor *Ablehnung und Verlassenwerden*. Sie spiegelt Anpassungen, die wir an Eltern, Lehrer und andere Autoritätsfiguren in unserem Leben gemacht haben.

Wir beginnen, uns zu ändern. Im Übungsteil untersuchen wir fünf Konfliktbereiche – Geld, Entscheidungen, Sex und Zuneigung, Kinder, Substanzmißbrauch –, in denen diese Kompromisse stattfinden.

Die Gewohnheiten und Rollen, die wir übernehmen, sind einigermaßen zufriedenstellend und sorgen dafür, daß die Arbeit getan wird, aber etwas fehlt. Vielleicht vergessen wir es. Vielleicht tun wir so, als sähen wir es nicht, als sei die Sehnsucht nach ihm kindisch und unrealistisch. Unser normaler Enneagramm-Bewußtseinszustand gewinnt wieder die Oberhand. Die Erwartungen, die wir aneinander haben, *regeln die Beziehung*, wenn wir uns daran machen, Strukturen und einen Lebensstil aufzubauen, der dem Geist unseres Jahrzehnts entspricht. Zum Geist der 60er Jahre etwa gehörten sexuelle Sitten, die nach den Maßstäben der 50er Jahre promiskuitiv waren. Manche Partner, die anfangs im Geist ihrer Zeit handelten, stellten fest, daß mit der Geburt der Kinder Konflikte zwischen ihnen auftauchten. Sie »paßten sich an«. Aber immer noch vergifteten und reduzierten die Kompromisse ihre Lebendigkeit und ihr Gefühl, zusammenzupassen.

Die Aggression, die wir aufeinander haben, verlagert sich darauf, die Regeln der Struktur aufrechtzuerhalten. Dann führen wir uns auf wie Kinder, die rebellieren und sich dem anpassen, was erwartet wird. Wir behandeln unseren Partner, als sei er unsere Mutter/unser Vater. Der Hauptgrund unserer Verbindung ist nicht mehr das Mitgefühl mit den Bedürfnissen des anderen.

Unsere Unterschiede zeigen sich. Wir betrachten unsere/n Liebste/n objektiver, quasi wie einen Geschäftspartner. Wir beginnen zu denken, daß wir nicht mehr soviel Zeit miteinander verbringen wollen. Wir verlassen etwas, das sich zur Zeit der Verliebtheit fast symbiotisch anfühlte, und stellen wieder unsere eigenen Grenzen her. Wir werden uns subtiler Unterschiede in unserem Denken bewußt und verbringen mehr Zeit damit, über die strittigen Punkte eines Problems zu reden. Einige von uns fühlen sich durch diese Unterschiede herausgefordert, andere ernüchtert.

In dieser Phase hat jeder vom anderen getrennte Aktivitäten und Beziehungen. Jeder richtet seine Aufmerksamkeit wieder auf die äußere Welt. Persönliche Interessen erscheinen oft wichtiger als die Entwicklung der Beziehung. Ursache des Selbstwertgefühls ist eher die Ausübung von Macht als die

Achtung des Partners. Konflikte in bezug auf Entscheidungsfindung, Geld, Aktivitäten oder Kinder werden irgendwie zur
Routine. Wir brauchen eine Methode, um diese Konflikte zu lösen,
wenn wir unsere emotionale Verbindung aufrechterhalten wollen. Jeder von uns hat in Familie, Beruf und Gemeinschaft eine
genau festgelegte, jeweils andere Identität. Aber wie der Schlaf
schleicht sich Gewohnheit ein. Wir handeln von der Abwehrhaltung unseres Enneagramm-Punkts aus und vergessen unsere gemeinsame Vision und unsere Reaktionen in der ersten
Phase.

**Was wissen Sie noch von der ersten Unterdrückung
eines Aspekts Ihrer selbst aus Angst, den Partner zu verlieren (Angst vor Ablehnung und Verlassenwerden)?** *Zum
Beispiel: Ich erinnere mich nicht an das erste Mal, aber ich vermeide im
allgemeinen Freunde und Aktivitäten, die ihm auf die Nerven gehen.*
**Schreiben Sie Ihre Version auf.**

**Zu welcher Enneagramm-Position bewegen Sie sich bei
Streß? Zu welcher Ihr Partner? Welche Beziehung haben
diese Punkte zueinander?**

Lieber ein bißchen schüchtern als ständig das große Wort zu führen, sage ich immer.

**Beschäftigen Sie sich mit der Abwehrhaltung Ihres Enneagramm-Punkts und Ihrem Schattenthema. Wann sind Sie im Zusammenleben mit Ihrem Partner aktiviert worden? Welche Wechselwirkung besteht zu seiner Abwehrhaltung, seinem Schattenthema?** *Zum Beispiel: Ich als Sieben rationalisiere meinen überfüllten Zeitplan und meine Unersättlichkeit nach »Abenteuern«. Die Wahrheit ist, daß Routine mich langweilt. Wenn meine Partnerin, eine EINS, uns beide zu einem Abend bei ihrer konventionellen Familie angemeldet hat, habe ich dazu keine Lust und erfinde Gründe, nicht zu kommen. Sie ärgert sich über meine Freiheit, wird unnachgiebiger und spielt nicht mehr mit.* **Schreiben Sie Ihre Version auf.**

Machen Sie die folgenden Übungen für sich selbst und tauschen Sie dann mit Ihrem Partner die Rollen. Denken Sie an Ihre Eltern; was für Enneagramm-Persönlichkeiten waren sie? Welche Konflikte miteinander hatten sie in Ihrer Kindheit? Welche Beziehung besteht zu Ihren Schwierigkeiten mit der Kindererziehung und anderen gemeinsamen Zielen?

Es heißt, der Mißbrauch unserer sexuellen Energie und unsere diesbezügliche Selbsttäuschung seien die Hauptursache dafür, daß wir steckenbleiben und nicht »aufwachen«. Was fällt Ihnen zu Ihrem Partner ein, wenn Sie dies lesen? Zu sich selbst?

Geld ist ein verblüffendes symbolisches System, um Wertprobleme zu veranschaulichen – welchen Wert man uns gibt, und welchen wir anderen geben. Es ist meßbar, und man kann leichter über es reden als über die Gefühle, die seine Verwendung begleiten. **Nehmen Sie das Kleingeld aus Ihrer Börse und zählen Sie es. Ihr Partner tut das gleiche. Geben Sie dann wortlos dem Partner soviel oder sowenig, wie Sie ihm *in diesem Augenblick* geben wollen. Achten Sie danach darauf, wie Sie sich fühlen und welche Gedanken oder Bilder Ihnen in den Sinn kommen; aber kommentieren Sie noch nicht.**
**Zählen Sie den Betrag noch einmal. Nehmen Sie dann vom Stapel Ihres Partners soviel, wie Sie wollen.**

Jetzt können Sie über Ihre Gefühle und anderes sprechen – Gleichheit, Gerechtigkeit, Teilen, Bestrafen, Belohnen. Überlegen Sie, wie Ihre Eltern mit Geld umgegangen sind und welchem Elternteil Sie am meisten gleichen.

**Wie haben Sie die Geldkonflikte Ihrer Eltern übernommen?**

Wir verbinden Geld mit Macht und daher mit Kontrolle. Geld ersetzt oft Liebe oder Anerkennung. Viele Menschen beurteilen ihren Wert danach, daß sie vergleichen, wieviel sie und wieviel andere verdienen. Dies führt zu einer Einstellung, die Mutterschaft, Hausarbeit und ehrenamtlichen Tätigkeiten weniger

Wert beimißt als bezahlter Arbeit. Eine Enneagramm-Studentin Ende dreißig beschreibt ihre Lage so: »Als nicht verdienende Hausfrau habe ich das Gefühl, daß meine Betreuung der Kinder und meine Hausarbeit nicht geschätzt werden, obwohl es etwas kosten würde, jemanden anzustellen, der es macht. In der realen Welt habe ich es nicht geschafft.«

Es ist eine tödliche Vergiftung der ganzen Gesellschaft, alles und jeden an Geld zu messen. **Wie hat diese Konzentration auf das Geld in Ihre Partnerschaft Eingang gefunden?**

Eine Ehe hat auch eine ökonomische Basis. Viel Zeit wird von praktischen Haushaltsangelegenheiten beansprucht, die mit Geld zu tun haben – Einkaufen, Rechnungen bezahlen, Mahlzeiten zubereiten, andere Hausarbeiten. Heutzutage werden Haushalte aus vielen Gründen nicht gut geführt. In einer Zeit wirtschaftlicher Rezession steht weniger Geld zur Verfügung. Die meisten verheirateten Frauen arbeiten außer Haus, was bedeutet, daß beide Partner weniger Zeit aufwenden, um sich mit Geld und den Hausarbeiten abzugeben.

Unsere Wirtschaft drängt Menschen, mehr zu kaufen, als sie brauchen. Nur wenige von uns warten, bis sie bar bezahlen können. Wichtiger erscheint ein regelmäßiger monatlicher

Zahlungsplan, der nach den Gesamtkosten, einem Zinsvergleich oder den wirklichen Bedürfnissen nicht fragt. **Wie teilen Sie finanzielle Entscheidungen in Ihrer Partnerschaft auf? Was impliziert diese Aufteilung? Wie erleben Sie Ihr Enneagramm-Schattenthema in bezug auf Geld?**

Wir sind zu einer Gesellschaft von Menschen geworden, die ständig verschuldet sind und immer mehr wollen. Der Vorwurf an den Partner, er würde seinen Beitrag zum notwendigen Einkommen nicht leisten, läßt grundlegende gesellschaftliche und kulturelle Probleme im Dunkeln. Wir müssen unseren Individualismus überwinden und in Gruppen sozial und politisch

aktiv werden, um diese Fakten zu ändern. Unsere Einstellungen zu Geld haben viele Ursachen – »so wurde es zu Hause gemacht«, »als so ein Mensch sehe ich mich gerne«, Reaktionen auf Angst, Wettbewerb und Unsicherheit. Sie alle spielen eine Rolle.

Es ist nicht leicht, über Geld zu reden. Eine auf Geld ausgerichtete Wirtschaft kann einen Arbeitszwang fördern, der den Menschen den Dingen unterordnet. Besitzgier und Konkurrenz entstehen zusammen mit Neid, Groll, Aggression und Geiz. Wie die Partner mit diesen Themen umgehen, legt die familiären Werte und die Enneagramm-spezifischen Konflikte fest.

Das Geldverdienen hat einen Preis, der sich nicht in Geld bemessen läßt; es kostet vor allem Lebens- und Familienqualität. Das Verlangen nach Geld kann an die Stelle anderer, echter menschlicher Bedürfnisse treten. Wir können eine arbeitsame, ökonomisch vernünftige Lebenseinstellung zu sehr betonen oder den Kopf in den Sand stecken und uns weigern zu planen.

**Tauschen Sie mit Ihrem Partner die Rollen. Beschäftigen Sie sich mit der Frage: »Warum arbeite ich, und für was?«**

**Was sollte Ihr Partner Ihrer Meinung nach an *Ihnen* sehen und verstehen? Was unterdrücken Sie, um den Frieden zu wahren? Wann und wie fühlen Sie sich nicht gesehen?** *Zum Beispiel: Sie ist so praktisch. Ich brauche einen Traum, etwas zum Planen, Spielen, Phantasieren, etwas, auf dessen Entstehung ich mich freuen kann. Ich unterdrücke meine spielerischen Aspekte. Mein Zuhause bedeutet für mich nichts als Arbeit.* **Schreiben Sie Ihre Version auf.**

**Bei welchen Dingen sind Sie davon abhängig, daß Ihr Partner sie tut? Damit Sie in Ihrem Leben etwas haben, was Sie sonst nicht hätten?** *Zum Beispiel: Ich möchte, daß sie unser gesellschaftliches Leben managt, daß Freunde zum Abendessen da sind, daß sie sie unterhält. Es würde mir helfen, mehr geschäftliche Kontakte zu haben. Ich schließe nicht leicht Freundschaft. Sie sollte da die Brücke bauen.* **Schreiben Sie Ihre Version auf.**

**Spielt dabei Ihr Enneagramm-Vermeidungsverhalten eine Rolle?** *Die DREI zum Beispiel, die »Versagen« vermeidet, wagt es nicht, in einem Bereich, in dem sie sich nicht besonders kompetent fühlt, etwas Neues zu tun.*

**Wie gehen Sie mit Ihrer Wut um? Ihrer Aggression? Der Wut Ihres Partners? Seiner Aggression?**

**Wie benutzen Sie Nahrung, Alkohol oder andere Substanzen, um dem anderen nonverbal etwas zu sagen? Wann tun Sie dies? Was unterstellen Sie? Wie könnten Sie herausfinden, ob Ihre Annahme stimmt?**

**Wie erleben Sie Ihre Sexualität? Wie gehen Sie mit der Ihres Partners um? Wie begrenzen Sie einander? Welche geheimen »Bedingungen« könnten am Werk sein?** *Zum Beispiel: Wenn du nur ..., dann würde ich ... oder: Ich lasse mich nicht gehen/du gefällst mir nicht, solange/wenn du nicht ...*

Das Haupthindernis für sexuelle Befriedigung ist Angst – Angst, verletzt zu werden, nicht in Ordnung zu sein, lächerlich gemacht zu werden, eine fast endlose Liste. Das Riskieren von Verletzlichkeit hat Sie einmal zueinander hingezogen. Wenn Paare auf ihre ersten Konflikte stoßen, beginnen sie oft, weniger zu riskieren und mit gedämpften Gefühlen zu interagieren. Genauso wie früher bei den Eltern finden sie es leichter, sich hinter einer Abwehrhaltung zu verstecken.

**Listen Sie die expliziten und die impliziten Regeln Ihrer Partnerschaft auf. Gibt es einen Unterschied? Welche implizite Forderung stellen Sie oder würden Sie gerne stellen, damit der andere sich ändert? Wie begrenzen Sie sich dadurch selbst?** *Zum Beispiel: »Jeder von uns hat in gleichem*

*Umfang zu den Ausgaben und Arbeiten für den Haushalt beizutragen«* kann eine explizite Regel sein. Ein Partner kann implizit eine andere Klausel unterstellen: *»bis wir ein Baby haben oder ich zur Uni gehe, dann werden wir ...«*

**Woran erkennen Sie, daß Ihr Partner im Streß ist? Welches Enneagramm-Verhalten weist auf ihn hin? Was tun Sie? Wann erkennen Sie, daß *Sie* im Streß sind? Was tun Sie, wenn Sie beide im Streß sind?**

Unterstützen Sie sich im Umgang mit den Kindern? Sind Ihre Botschaften klar? Geben Sie sie so, daß sie die Selbstachtung des Kindes und des Partners wahren? Wenn es Stiefkinder sind: Beteiligen Sie sich beide an der Betreuung, oder gibt es eine Mein/dein-Ausschließung? Was schließt dies alles mit ein? Sind Sie bereit, dies ausdrücklich mit Ihrem Partner zu klären? Mit dem Kind?

Wie tolerieren Sie Ideen und Gefühle Ihrer Kinder, die von den Ihren verschieden sind? Wie entscheiden Sie, wer das Problem hat (zum Beispiel: Ist das eine Angelegenheit, die das Kind entscheiden kann, oder eine Familienangelegenheit)?

Kapitel 10

# Verdunkelnder Konflikt

*Die unterdrückten Bedürfnisse verlangen, gesehen zu werden – Dissonanz! Innere oder äußere Trennung, um Bewußtheit und Leidenschaft wiederzuerlangen – Verhalten des Enneagramm-Streßpunkts*

Die dritte Phase der Partnerschaft beginnt ebenfalls mit einem entscheidenden Ereignis. Ein innerer Protest bricht auf. JETZT REICHT'S – das muß sich ändern – meine Wünsche zählen – ich muß gesehen werden!

Solange wir uns nicht zeigen und auf unser wachsendes Unbehagen an den vorgenommenen Anpassungen nicht reagieren, solange wir nicht bereit sind, unseren inneren Konflikt zu erkennen, sind wir nur halb lebendig. Wir fühlen uns leer, und die schlimmsten Schrecken lauern uns auf, wenn wir erwachen. Wir versuchen vielleicht, uns zu überzeugen, es sei besser, weiterschlafen, aber etwas in uns wird dies nicht akzeptieren.

Die dritte Phase beinhaltet daher einen verdunkelnden Konflikt mit unserem Partner, der in konzentrischen Kreisen wächst und schließlich unsere beruflichen Kompromisse, unproduktive religiöse Gewohnheiten und andere Dinge einbezieht, die wir für selbstverständlich hielten. Wie die Zeit der Rollenstagnation kann auch diese Phase Tage, Jahre oder Jahrzehnte dauern.

*Carl, der früher erwähnte (Enneagramm-SIEBEN-) Grundstücks-makler, mußte seine geschäftlichen Probleme lösen, bevor er an die Beziehungsprobleme herangehen konnte. Dann jedoch wurden die Dinge schlimmer, bevor sie besser wurden. Er erlebte die Fragen seiner Frau nach den Finanzen als Angriffe auf sein Urteilsvermögen. Ihre wachsende Freiheit, ihre eigenen Gedanken zu denken und zu äußern, bedrohte den Status Quo.*

Manchmal ist der Übergang zu mehr Unabhängigkeit für einen oder beide Partner inakzeptabel. Wir wollen nicht vorwärts-, sondern rückwärtsgehen. Wir sehnen uns nach der umschlingenden Nähe, die uns ein Gefühl von Identität, Macht und Sinn gab. Wir wollen sie mit einem anderen Partner suchen, wenn wir sie vom ersten nicht bekommen können.

Unsere unabgeschlossenen Probleme aus der Kindheit färben und durchdringen unser gegenwärtiges Leben. Wenn wir die Aufgabe, die wir als Heranwachsende hatten – die Trennung von den Eltern – nicht gut gelöst haben, kann dies unsere Sicht vom Partner verzerren – »diesem Menschen, der mein Leben lenken will«. Wir ignorieren die Rolle, die wir dabei spielen. Wir verwerfen und vermeiden das verwandelnde Enneagramm-Element. Ein feindseligabhängiges Band aus Wut und Konflikt hält uns zusammen. In endlosen Runden bereiten wir uns gegenseitig Schmerzen, um zu beweisen, daß wir das Opfer sind, daß wir betrogen, im Stich gelassen und ungerecht behandelt wurden.

Es kann auch sein, daß wir einen Partner gewählt haben, bei dem wir Vertrauen und Sicherheit erleben. Dann testen wir uns ganz behutsam und zeigen schließlich das traurige, wütende, schwierige und verletzte Kind, das wir alle inwendig mit uns herumtragen. Insgeheim und im allgemeinen unbewußt hoffen wir, daß der Partner anders mit diesem Teil umgeht, den wir nicht heilen konnten.

Oft jedoch bringt der Partner, der nicht mehr die ideale Liebhaber/Eltern-Rolle spielt, statt dessen sein eigenes verletztes Kind zu der Begegnung mit. Keiner kann dem anderen hel-

fen, aber jeder hält an dem bedürftigen Teil fest. Die fehlende Reaktion des Partners fühlt sich dann genauso an wie der Teil von Vater oder Mutter, der uns ursprünglich nicht sah und unser Bedürfnis verwarf. Die fehlende Reaktion wird zum »Aufhänger« für die Projektion. Zum Beipiel:

*Martha, eine hart arbeitende Rechtsanwältin (DREI), heiratete Ed, einen gelassenen Schriftsteller, der seinen eigenen Zeitplan hatte und dem nach jahrelangem Single-Dasein Hausarbeit und Reparaturen gleichgültig waren. Anfangs liebte sie seine Sinnlichkeit und seinen friedlichen Enneagramm-NEUN-Mangel an Spannung. Aber wenn ihr Arbeitspensum zunahm, ärgerte sie sich über seine »fehlende Disziplin«. Sie stellte fest, daß er nie irgend etwas zu beenden schien. Er kümmerte sich nicht um Details. Sie hatte das Gefühl, er würde sie nicht lieben.*

*Ed dagegen hatte das Gefühl, daß sie alles, was er tat, heruntermachte. Er sagte, sie sei sich nur seiner Fehler bewußt. An den Tagen, an denen sie zum Gericht ging, war sie so mit ihrer Arbeit beschäftigt, daß sie ihn morgens noch nicht einmal begrüßte.*

*Als sie ihre Sackgasse im Psychodrama untersuchten, stellten sie fest, daß sie beide in der Pubertät ähnliche Gefühle gehabt hatten. Sie hatte das Gefühl, ihr Vater könne sie aus Gründen, die sie sich nicht vorstellen konnte, nicht akzeptieren, während ihre jüngeren Brüder nichts falsch machen konnten – und nicht arbeiteten. Sie studierte, brachte Leistungen und arbeitete so hart wie ihr Vater. Es nützte nichts, um seine Aufmerksamkeit auf sich zu ziehen. Also ließ sie ihr Enneagramm-Programm DREI noch stärker durchkommen und erhielt ein bißchen widerwillige Anerkennung. Es wurde zu ihrem Lebensstil, bis sie sich in Ed verliebte. Aber jetzt – er schien wie ihre Brüder zu sein und sie genausowenig zu sehen wie ihr Vater.*

*Ed erinnerte sich, als Heranwachsender von seiner fordernden, perfekten Mutter nicht gesehen worden zu sein. Er lief nachts weg, ließ sich von Lastwagenfahrern mitnehmen und kam vor der Morgendämmerung erschöpft zurück. Er schlief oft im Unterricht. Seine Mutter merkte nicht, daß er weg war. Sie schien sich nur darum zu sorgen, daß seine Noten nicht so gut waren wie die seiner älteren Brüder.*

*Martha und Ed hatten es fertiggebracht, miteinander die schmerzhaften Zustände wiederzuerschaffen, die jeder mit den eigenen Eltern in der Kindheit erlebt hatte. Beide konnten ein bestimmtes Alter für den kindlichen Teil nennen, der während ihrer Konflikte erschien. Die Umsorgung und Beruhigung dieser »inneren Kinder« mußte Teil ihrer ehelichen Entwicklung sein. Als Martha zulassen konnte, Eds Liebe zu ihr und ihr eigenes Selbstwertgefühl zu spüren, konnte sie klarere Vereinbarungen mit ihm treffen. Als Enneagramm-NEUN mußte Ed einen offenen Konflikt riskieren und ihr darlegen, daß Muße ein Grundbedürfnis seiner Kreativität war und einbezogen werden mußte.*

In Beziehungen, die zum Wachstum drängen, ist die unvermeidliche Phase des verdunkelnden Konflikts schwierig. Der Vorgang der Projektion, bei dem Inhalte die negative Seite des Bewußtseins verlassen und (laut oder leise) dem Partner entgegengeschleudert werden, ist eine der unangenehmsten Arten des Lernens.

*Carl hatte einen Vater gehabt, der seine Mutter und ihn verlassen hatte – zumindest stellte die Mutter die Geschichte so dar. Sie schien Män-*

*ner, einschließlich Carl, nicht sehr hoch zu schätzen. Seine Siege wurden nicht gefeiert. Während seiner ganzen Jugend wurde er mit einem Strom der Kritik überschüttet. Das Zuhause war ein Ort, von dem er lieber fernblieb. Als er geschäftliche Schwierigkeiten bekam, fühlte das Zuhause sich genauso an wie in der Kindheit. Die Fragen seiner Frau fühlten sich so an wie die Kritik seiner Mutter. Sie schien genauso abgeneigt, seine Siege zu feiern.*

*Carls Aufgabe bestand darin, seine Frau, die ihn aufrichtig liebte, von der negativen Mutterprojektion zu trennen, die er ihr übergestülpt hatte. Es war nicht leicht. Seine Frau hatte Aufhänger, die die Projektion festhielten. Mit ihrer perfektionistischen, intellektuell kritischen Enneagramm-EINS-Persönlichkeit hatte sie Ideen und Werte, die von den seinen verschieden waren.*

*Trotzdem liebte sie seine extraverierte, begeisterungsfähige Art, die so ganz anders war als ihre. Sie hatte durch ihn angenehme Erfahrungen, auch wenn das, was er tat, ihr Sorgen machte. Sie mußte lernen, die positiven Eigenschaften zu erwähnen, die sie schätzte: EINSern fällt Streicheln oder Loben nicht leicht. Dann konnte er ihre Vorbehalte hören, ohne sie als Verurteilung zu interpretieren.*

In der früheren Phase der Verliebtheit war ebenfalls Projektion am Werk. Wir konnten leichter mit ihr umgehen, als wir positive Eigenschaften im anderen sahen. Wenn uns etwas bewußt ist, ermutigen wir seine Entwicklung. Das gilt leider auch für negative Projektionen. Partner lernen ihre verletzlichen Stellen kennen. Wir wissen, wie wir den anderen verletzen können, wenn wir angegriffen werden. Genauso wie eine Regierung eine militärische Lösung einer durch Gespräche erzielten Vereinbarung vorziehen kann, können wir die uns angenehmste psychologische Abwehrhaltung Kompromissen und Verhandlungen vorziehen. Unsere strategischen Abwehrhaltungen bilden dann eine undurchdringliche Barriere für die Vertrautheit, nach der wir uns sehnen. Sex wird gehemmt und lustlos. Unsere Projektionen führen zu Familieninzesttabus, das heißt wir *wollen* keinen Partner, der sich wie ein Kind oder Vater oder Mutter verhält.

Wir leiden unter dem Gewicht unserer stark geregelten Beziehung und haben nicht mehr die Illusion der Vertrautheit, auch wenn sie nach außen hin funktioniert und angenehm ist. Wir fühlen uns deprimiert, wütend und verletzt. Wir haben Trennungsphantasien. Wir wollen *weg* – das Monster, das wir vorher liebten, hinauswerfen, uns von ihm befreien. Wir sind enttäuscht und *haben es eilig!*

Die positiven Aspekte unseres Lebens werden nun auf die äußere Welt projiziert – eine neue Karriere, eine neue Verliebtheit, eine religiöse Bekehrung.

Unsere Aufgabe besteht darin, zu lernen, daß *wir* der Feind sind; daß ein Großteil dessen, was wir als vom Partner kommend erleben, unsere eigenen nicht integrierten Aspekte spiegelt. Sie tauchen aus unserem Unbewußten auf und müssen erkannt werden. Wir müssen unterscheiden zwischen dem, was zu uns gehört, und dem, was zu unserem Partner gehört.

Es ist nicht leicht. Wir können an der Wahrnehmung festhalten, daß unser Partner einen ganz offensichtlichen schlimmen Fehler hat, gegen den unsere eigenen Mängel gering sind. Wir können dies als Entschuldigung benutzen, um die Selbsterforschung, die wir brauchen, zu unterlassen.

*Mehrere Jahre lang versuchte Carl, von zu Hause zu flüchten, genauso wie in der Kindheit. Geschäftsreisen, ausgedehnte Ferien in den Bergen mit Freunden aus der Kindheit, teure Autos (neue Spielzeuge), Verstecke. Warum, fragte er, konnte seine Frau dies nicht als »Investitionen« betrachten? Sie schätzte ihn nicht. Er konnte auf seinen offensichtlichen finanziellen Erfolg verweisen und seiner offenbar guten Urteilskraft vertrauen. Ihr Urteil über finanzielle Dinge und ihn war falsch.*

Im allgemeinen versuchen wir eine Reihe von Maßnahmen. In der frühen Phase weigern wir uns, unsere Unterschiede zu erkennen und uns mit ihnen zu beschäftigen. Wir unterdrücken Daten und unsere Reaktion auf Fakten. Wenn wir damit weitermachen, ruinieren wir unsere Ehe und wiederholen das Problem später wahrscheinlich mit einem anderen Partner. Wir versuchen, unseren Partner durch Wut, Mißbilligung, Rückzug oder Schmollen zu dirigieren – eine tödliche Sackgasse. Dann experimentieren wir mit der Trennung. *Ziel der äußerlichen oder nur innerlichen Trennung ist die Erinnerung an das Selbst und das Erreichen von Bewußtheit und Leidenschaft.* Aber das wissen wir nicht. Weil wir uns unbehaglich und ambivalent fühlen, beginnen wir schließlich mit unserer eigentlichen Arbeit, der Integration unserer Schatteneigenschaften. Wir haben uns zu sehr darauf konzentriert, wie das Leben und wer wir und unser Partner sein sollten, und nicht genug darauf, wer wir und unser Partner sind.

*Carl fühlte schließlich den Schmerz, den er sein ganzes Leben lang vermieden hatte; er benutzte ihn als Hilfsmittel zu seiner Verwandlung. Er kam an einen Punkt, an dem er das Gefühl hatte, sich von dieser negativen Frau trennen zu müssen, die ihn nicht schätzte. Er sagte es ihr und erwartete, daß es für sie beide eine Erleichterung sein würde. Ihre aufrichtige Bestürzung und ihre Bereitschaft, zu überlegen, wie sie zu seinem Schmerz beigetragen hatte, erstaunte ihn.*

*Jetzt mußte er sich fragen, ob er Verletzungen aus der Kindheit in die Beziehung einbrachte. Seine wirkliche Arbeit begann und dauerte mehrere Jahre. Er sah sich noch einmal an, was seine Mutter gesagt und gewesen war. Er suchte seinen Vater und fand ihn. Der Vater war kein perfekter Mann, aber er hatte Carl nicht gern verlassen.*

*Carl mußte seine Wut auf seine Mutter erkennen und äußern. Dann fand er den Schmerz, der ihre Geschichte verzerrt hatte – und konnte ihr vergeben. Am Ende konnte er sich selbst vergeben; er kannte seine Schatteneigenschaften, seine Frau und deren Schatteneigenschaften, und die Liebe, die sie verband.*

**Welcher Umstand bringt Sie und Ihren Partner in Konflikt?**

**Welche Enneagramm-Züge zeigen sich bei einem Konflikt?** Sind sie die positiven Eigenschaften Ihres Enneagramm-Programms oder Eigenschaften des Punkts, zu dem Sie bei Streß gehen (das heißt: Ist dies ein Kommunikationsproblem oder ein Problem, das einer strukturellen Veränderung bedarf)? *Zum Beispiel: Mein Partner ist eine im allgemeinen dominante, herrschsüchtige ACHT, aber jetzt zieht er sich zurück, bleibt lange im Büro ... Sieht wie sein Streßpunkt aus, aber ich weiß nicht, was ihn speist ... UND ICH weigere mich, sein Kindermädchen zu sein.* **Schreiben Sie Ihre Version auf.**

**Wo ziehen Sie die Grenze (das heißt: Ab wann riskieren Sie einen offenen Konflikt?)** *Zum Beispiel: Ich glaube, ich bin eher tolerant als reizbar, und ich habe alle möglichen Verrenkungen gemacht, damit die Beziehung funktioniert. Aber wenn sie nicht nüchtern bleibt,... bin ich weg.* **Schreiben Sie Ihre Version auf.**

**Geht es um Freiraum? Wie nah sind Sie Ihrer Grenze jetzt?** *Zum Beispiel: Ich brauche Zeit und Ruhe. Ich will nicht in einem Haus mit ständigem Krach leben ...* **Haben Sie und Ihr/e Partner/in in der Vergangenheit schon einmal erfolgreich einen Freiraum zwischen sich ausgehandelt?** *Zum Beispiel: Als die Kinder klein waren, haben wir es so geregelt, daß ich jede Woche einen Tag für mich hatte. Er kümmerte sich um die Kinder oder bezahlte einen Babysitter.* **Schreiben Sie Ihre Version auf.**

**Können Sie mit anderen Menschen besser aushandeln, daß Ihre Bedürfnisse befriedigt werden?** *Zum Beispiel: Und ob! Als ich arbeitete, habe ich ausgehandelt, viermal in der Woche zehn Stunden zu machen, statt eine Fünf-Tage-Woche zu haben, aber sie meint,*

*ich sollte rund um die Uhr als perfekter Elektriker, Installateur, Tischler, Möbelpacker, Maler und Mann für jede Drecksarbeit auf Abruf bereitstehen ...* **Schreiben Sie Ihre Version auf.**

Sie wollen jetzt etwas tun, irgend etwas, damit das, was unerträglich erscheint, aufhört. Sie haben es eilig. Wieder fällt es schwer, es auszuhalten, daß die Arbeit des Unterscheidens so langsam vor sich geht. Unsere Gesellschaft, die sofortige Belohnungen proklamiert, arbeitet gegen uns.

Das Bild, daß wir das Opfer und unser Partner der Peiniger ist, ist eine Verzerrung. Wenn wir an ihr festhalten, ändert sich nichts, und wir ändern uns nicht. Die Menschen in unserer äußeren Welt spiegeln nur unser Verhalten. Die Entwicklung der Fähigkeit zum Reflektieren erfordert eine von persönlichen oder kollektiven Vorurteilen nicht verzerrte Innenschau. Also machen wir uns daran, unsere Schatteneigenschaften zu untersuchen.

**Wie haben Sie Ihren Partner zum eigenen Vorteil benutzt? Wie Ihre Schattenmanipulationen?**

**Welche Gefühle und persönlichen Bedürfnisse haben Sie in dieser Beziehung vernachlässigt?**

**Benutzen Sie Ihre Wut, um sich auf die Probleme zu konzentrieren, die einer Veränderung bedürfen, oder nur um Spannung abzulassen? Haben Sie ein Bild davon, wie Sie die Dinge gerne hätten? Wie gehen Sie mit Ihrer Aggression um? Mit der Ihres Partners? Was nehmen Sie an? Wie könnten Sie dies überprüfen?**

**Wie erleben Sie Ihre Sexualität? Wie gehen Sie mit der Ihres Partners um?**

Neigen Sie dazu, in Ihrer Beziehung Mutter, Vater oder Kind zu sein? Inwiefern ist dies destruktiv geworden? Haben Sie ein Bild davon, wie Sie die Dinge gerne hätten?

Bevor das Faß endgültig überläuft: Auf welchen letzten Tropfen könnten Sie warten? Zu was werden Sie sich die Erlaubnis geben, wenn es dann soweit ist?

Was, wer oder wo ist für Sie jetzt die Aufregung des Lebens?

Wer sind Sie, und was ist Ihnen im Leben am wichtigsten?
Wie wird dies in Ihrem Leben mit Ihrem Partner beschränkt?

Was müßte sich ändern, damit Sie in der Beziehung weitermachen? Bei Ihnen? Bei Ihrem Partner? Wie haben Sie versucht, diese Veränderungen in Gang zu setzen? Was geschah? Was müßte sich Ihrer Erfahrung nach ändern, damit der Prozeß funktioniert?

**Welches ist das vernachlässigte verwandelnde Element in Ihrem Enneagramm-Muster? Welche Auswirkung hat es auf Ihre aktuelle Beziehung? Stellen Sie sich eine Situation vor, in der Sie das konfrontieren, was Sie vermieden haben.** *Zum Beispiel für eine ZWEI: ein eigenes Bedürfnis geltend machen, das der Partner nicht sieht oder anerkennt; für eine VIER: den Wert des »Gewöhnlichen« sehen, etwa in der normalen menschlichen Freundlichkeit eines wenig geachteten Menschen nach einem dramatischen Zusammenbruch.*

Kapitel 11

# Erinnerung an das Selbst und Ergänzung zur Einheit

*Die Verwendung des abgelehnten Enneagramm-Elements stellt die Verbindung zum Leben wieder her und ermöglicht eine andere Liebe zum Partner*

Bei der Aufgabe des Erinnerns – der Einbeziehung alter und neuer Teile in unser Selbstgefühl – akzeptieren und integrieren wir Teile von uns selbst, die wir vorher nicht kennen und sehen wollten. Der Schmerz, den wir durch eine aktuelle Krise erleben, zwingt uns, an uns zu arbeiten. Er ist der Anstoß zur Selbsterkenntnis. Erinnerungen erzählen uns nicht nur von dem uns angetanen Schmerz, sondern auch von dem Schmerz, den wir anderen zugefügt haben, besonders den Menschen, die uns am nächsten stehen. Im folgenden Beispiel fand Ginger sich in der verdunkelnden Konflikt-Phase ihrer Ehe wieder, als Kurt ankündigte, er würde ausziehen. Der tiefe Schmerz, den dies ihr bereitete, war Schmerz, den Kurt selbst nicht fühlen wollte. Es war der Schmerz, der sie in Phase Vier drängte.

*Kurt, ein leitender Angestellter, der in einer internationalen Firma der Pensionierung entgegenging, war an die angenehmen Seiten eines teuren Lebensstils gewöhnt. Als im allgemeinen Konflikte vermeidende NEUN war er ein kompetenter, umgänglicher Leiter seines Teams. Er hatte das Gefühl, seine sexuellen Affären seien diskret gewesen, aber die frechen, kessen, koketten Frauen, die weg von zu Hause leicht zu haben waren, würden ihm fehlen. Er begann, eine Scheidung zu erwägen, saß aber in einer »wunderbaren Ehe fest«, und hatte Schwierigkeiten, sich über seine Absichten klar zu werden.*

*Seine Frau Ginger war attraktiv, bei den vielen gemeinsamen Freunden sehr beliebt, eine ausgezeichnete Mutter und in der Bekleidungs-Design-Firma kompetent, die sie während ihrer langen, durch seine Geschäftsreisen bedingten Trennungen aufgebaut hatte. Er fühlte bei ihr jedoch keine sexuelle Erregung, und der Gedanke an einen langen gemeinsamen Ruhestand langweilte ihn.*

*Er hatte keinen religiösen Hintergrund oder Wertkonflikte, außer daß Scheidung nicht gerade angebracht war. Er hatte keine Frau, die im Hintergrund wartete und auf eine Ehe drängte, obwohl seine Erfahrung ihm sagte, daß er einen solchen Menschen leicht finden konnte.*

*Es geschah folgendes: Als er ankündigte, daß er an Scheidung dachte, verlangte Ginger, daß sie professionelle Hilfe in Anspruch nähmen, um in Ruhe darüber nachzudenken und zu -fühlen, warum dies geschah. Sie war tief erschüttert. Als Enneagramm-ZWEI-Persönlichkeit hatte sie der Ehe den höchsten Wert eingeräumt. Sie gab zu, daß die Beziehung nicht leidenschaftlich war, spürte aber, daß sie viele Stärken hatte. Im Verlauf des nächsten Jahres blickten sie beide auf ihren familiären Hintergrund, ihre Ehe und ihre Familie zurück.*

*Kurt schloß sich einer Männergruppe an, was seine Meinung über seine Ehe nicht verbesserte, ihn aber wieder mit seinen Wurzeln im Westen und seinem Interesse für Musik in Kontakt brachte.*

*Ginger ihrerseits arbeitete hart daran, um die Krise zu verstehen, die sie sich nicht ausgesucht hatte, mit der sie sich aber jetzt konfrontiert sah. Sie las alles, was sie finden konnte, führte ein Tagebuch und arbeitete daran, ihre Ehe und die frühere formende Beziehung zu ihrem Alkoholiker-Vater zu verstehen. Sie machte Einzel- und Gruppentherapie. Sie nahm ab, kaufte einen Wagen mit Vierradantrieb und aktivierte ihr Interesse an der Wildnis im Hinterland. Beiden wurde klar, daß sie sich selbst um ihre Bedürfnisse kümmern konnte. Sie hatte nicht nur einen feurigen Teil von sich aktiviert, sondern eine vorher nicht gekannte spirituelle Tiefe und Reife entwickelt.*

*Kurt mochte sie, beneidete sie um ihren Fortschritt, hatte aber immer noch das Gefühl,* »*daß etwas fehlte*«. *Dem Therapeuten wurde klar, daß jeder in Kurts Umgebung (einschließlich ihm selbst) sich sehr bemühte, ihm irgend etwas zu geben. Frauen hatten ihm immer etwas gegeben, auch die koketten – bei ihnen war es die Illusion von stimulierendem Sex. Das, wonach Kurt in Wirklichkeit verlangte – leidenschaftliche Intensität –, projizierte er auf Frauen und erwartete, daß sie es ihm verschafften.*

*Er mußte* seine eigene Anima *aktivieren und* eigene Bemühungen *in Musik, die Reparatur von Oldie-Fahrzeugen oder sonstige Dinge stecken, die* er *fand, um* seine eigene leidenschaftliche Intensität *zu wecken und zu entwickeln. Er war mit diesem Prozeß das Risiko eingegangen, sein vermiedenes verwandelndes Element, den Konflikt, kennenzulernen, aber er mußte ihn sich durch aktive Liebe zu eigen machen. Sein träger Enneagramm-NEUN-Lebensstil würde es nicht tun.*

*Kurt begann, sich daran zu erinnern, wie er und Ginger gewesen waren, als sie sich das erste Mal begegneten.*

Bei der Erinnerung an das Gefühl der Ganzheit, das wir hatten, als wir uns verliebten, fragen wir uns, was an unserem jetzigen Leben fehlt, und warum. Warum sind wir mit unserem Partner zusammen, und welche Mechanismen sind in der Partnerschaft wirksam? Wir gehen das Risiko ein, unsere Abwehrhaltung aufzugeben. Widerwillig sehen wir uns sich wiederholende Probleme an, die wir immer wieder nicht erkannt haben, bis es fast zu spät war. Wir wagen endlich, »die beunruhigende Möglichkeit zuzulassen, daß wir fähig sind, mit diesen Problemen umgehen zu lernen.«

Wie beim Gang durch ein Tor (auf dessen einer Seite wir nur den Schmerz und die Kosten sehen) beginnt unsere Sichtweise sich zu verändern, wenn wir an den Problemen arbeiten. Wir gehen von der Beobachtung zur Distanzierung und dann zu einer einbeziehenderen Beobachtung. Wir konfrontieren unseren eigenen Drang zur Macht, unser Bedürfnis, zu konkurrieren. Vielleicht müssen wir uns noch einmal mit der sehr wichtigen

Beziehung zu unseren Eltern beschäftigen, mit irgendeinem Teil, der noch der Ergänzung und Vergebung bedarf. Dann verstehen wir uns selbst. Unsere Fähigkeit zur Reflexion entwickelt eine Innenschau, die durch persönliche und kollektive Vorurteile nicht verzerrt wird.

*Auch während er an sich arbeitete, fragte Kurt sich, warum er es tat. Er arbeitete mit Metall und verstand die Metaphern. Es war, wie Metall in eine Flamme halten, bis es glühend rot und dann weiß vor Hitze wurde; wie es herausziehen und behämmern, bis die kristalline Struktur feiner und biegsamer wurde, bis es schließlich nicht mehr brach. Kurt schätzte seine Rolle als Lehrer jüngerer Männer und seiner Kinder und verstand, daß das, was er über die Sinnmuster seines Lebens lernte, dieser Rolle eine tiefere Dimension gab.*

*Aber es war schmerzlich, den Traum von einer neuen Liebe aufzugeben. Er betrachtete seine Sammlung von Oldie-Fahrzeugen. Einer, ein Rolls Royce, der so alt war wie er, hatte noch Reparaturen nötig, aber es wäre herrlich, mit ihm herumzufahren. Andererseits war er nicht so bequem und praktisch wie ihr Volvo oder so lustig wie Gingers Auto mit Vierradantrieb.*

*Der Wendepunkt für Kurt fand bei einer intensiven Gruppenerfahrung statt, in der ihm die Liebe bewußt wurde, die er seiner Familie vorenthalten hatte. Er rief seine Frau an und sagte ihr, wie sehr er sie liebte. Seine Arbeit, aufzuwachen, hatte begonnen.*

Für unsere Ganzheit brauchen wir eine Beziehung, um uns voll auszudrücken und den Schmerz zu erfahren, der dem Leben natürlich ist. So können wir Bewußtheit und Leidenschaft erreichen, und außerdem hoffen wir, die Liebe zu finden, jene facettenreiche Bindung an die Realität mit unserem Partner. Mitgefühl und eine erneuerte Zuneigung kommen zum Vorschein, wenn wir aufhören, unsere Arbeit zu vermeiden.

Wenn wir uns an unser vergangenes Leben erinnern, können wir die Übergänge erkennen. Einige waren positiv, etwa als wir uns verliebten. Andere zeigten sich erst, als wir unser gefürchtetes Enneagramm-Element zuließen – Wut offen zu äußern; uns bedürftig zu fühlen; zu versagen; uns gewöhnlich, leer,

188

inakzeptabel und als Außenseiter zu fühlen; Schmerz, Schwäche oder Konflikt zu fühlen. So viele der Tore erscheinen negativ.

Wie Ginger wählen wir das Geschehen nicht aus. Es bringt uns in Verlegenheit und beschämt uns. Wir haben das Gefühl, zu versagen und die Erwartungen anderer nicht zu erfüllen. Unser Stolz oder unser Selbstbild werden verletzt oder ganz zerstört. Dann lernen wir etwas, das wir auf andere Weise nicht hätten begreifen können. Diese Wunde ist der Preis; diese Wunde ist das Opfer. Die alten Griechen hatten ein Sprichwort:»Der Gott sendet die Wunde. Der Gott heilt die Wunde. Der Gott ist die Wunde.«

Am Ende durchschreiten wir das Tor und wissen von uns auf neue Weise. Wir bekommen die Stärke oder Tugend, die dem Ringen mit unserer dunklen Seite folgt. Wir verhalten uns mit einer Hier-und-Jetzt-Einfachheit; wir erkennen die Aspekte, die wir unserem Partner aufladen wollten, und die neuentdeckten Teile unserer Persönlichkeit – Instinkte, Aggression, Sexualität und Kraft – als Aspekte unserer eigenen Ganzheit.

**Für was leben Sie, und was hält Sie davon ab, voll zu leben?**

**Wie unterscheiden Sie sich von Ihrem Partner? Von anderen? Was denken Sie darüber? Was ist die besondere Stärke Ihres Enneagramm-Musters? Wie nahe sind Sie der Meisterschaft?**

**Was ist das vernachlässigte verwandelnde Element Ihres Enneagramm-Musters? Denken Sie über seine potentielle Wirkung auf Ihre Beziehung nach.** *Zum Beispiel: Wenn Kurt früher Konflikte riskiert hätte, hätte sein Leben sich verändert.*

Eher als die Fragen von irgend jemand anders sind Ihre eigenen Ihr bester Zugang zu den Problemen Ihres jetzigen Lebens. Eine sehr überraschende Übung besteht einfach darin, sich selbst 100 Fragen zu stellen und sie schnell aufzuschreiben, ohne innezuhalten, um sie zu beantworten. Wie nach einem schnellen Vorwärtsspulen einer Videokassette betreten wir plötzlich einen neuen Bereich. Im allgemeinen gehen uns nach ungefähr 25 Fragen die stereotypen, konventionellen Fragen aus. Wenn wir dann unserem inneren Denken zuhören, entwickelt sich eine neue Serie von Fragen, die tiefer und kreativer ist. **Versuchen Sie dies jetzt. Beantworten Sie die Fragen nicht. Lassen Sie sich einfach von einer Frage zur nächsten anregen. Lassen Sie sich ein.** *Beispiel für eine Fragen-Reihe: Was funktioniert in meiner Beziehung gut? Wann wurde* _____ *vorrangig? War es meine Entscheidung? Warum habe ich weitergemacht? Was habe ich jetzt davon ... Ungefähr 30 Fragen später: Welche Auswirkung hat dieses Projekt auf (meinen Partner)? Erzeuge ich eine künstliche Krise, damit das Gefühl von Druck bleibt? Womit wäre ich konfrontiert, wenn ich sie aufgäbe? Die beunruhigende Möglichkeit von freier Zeit? Oder das Gefühl, nicht mehr gebraucht zu werden? Habe ich Angst, daß meine geistigen Fähigkeiten oder meine Kreativität nachlassen? Wie paßt dies in unsere Partnerschaft? ...*

Kapitel 12

# Jeder mit jedem

*Der Enneagramm-Prozeß von Gruppen gleicht dem des einzelnen – die Realität einer Identität mit der Gemeinschaft*

Der erste Teil dieses Buches beschäftigte sich mit individuellem Verhalten, der zweite mit Partnerschaft. Ein drittes Element, das wir betrachten müssen, ist das Individuum in der Gemeinschaft. Das Enneagramm-Verhalten ist konditioniert und weitgehend unbewußt. Die meisten Gruppen verstärken es. Gruppen fördern Bindung, Wiederholungsverhalten und Schlagworte von Gruppenüberzeugungen und -zielen. Wir kennen Gruppenrituale und -erziehung, aber wir denken nicht an die Gewohnheiten der Freundschaft. Wir sind gerne mit Menschen zusammen, die so denken, fühlen und handeln wie wir. Wir vergessen, daß hypnotische Muster das Gleichgewicht von bewußten zu unbewußten Verhaltensweisen verlagern können. Wir verlieren die Bewußtheit öfter, als wir wahrhaben wollen.

Die Beziehung zwischen Individuum und Gruppe, dem einen und den vielen, ist seit alters her studiert worden, meist als das militärische Problem der Zusammenstellung einer Kampftruppe. Perser, Griechen, Römer, Nazis und die Berater

von George Bush haben Symbole, Mythen und Gepränge benutzt, um ihre Ziele zu erreichen. Die hypnotische Wirkung
von im Fernsehen übertragenen Siegesparaden hat aus unserem Bewußtsein verdrängt, daß 85.000 Tonnen Bomben über
Irak abgeworfen wurden. Über 100.000 irakische Bürger wurden getötet, während nur 57 Amerikaner im Golfkrieg starben.
Nur wenige Amerikaner fragen, warum. *Das bewußte Entscheiden macht uns zu Menschen und gibt uns die
Fähigkeit, in unserem Leben Sinn zu schaffen. Wir müssen eine Möglich-
keit finden, die Entscheidung zurückzuhalten und in der Gemeinschaft zu
leben. Unsere Verwandlung muß innerhalb dieser paradoxen Arena stattfinden.* Die Dynamik zur Transformation unseres Enneagramm-Musters ist bei allen Menschen ähnlich. Wir gehen in unbewußte
Schattenthemen hinein, beschäftigen uns mit einem abgelehnten Element und kommen mit etwas zurück, das unser Verhalten in Richtung auf mehr Spontaneität, Offenheit und Einbeziehung hin verändert. Wenn es so einfach wäre! Tatsächlich
dauert der Prozeß wahrscheinlich ein Leben lang und findet in
dem speziellen sozialen Netzwerk von Gruppen und Menschen
statt, die uns wichtig sind.

Wie wir uns gegen destruktive, unbewußte, reflexartige
Gruppenübereinkünfte wehren, ist beim Aufwachen ein Haupt-
problem. Wie kann unsere Arbeit, bewußter zu werden, der
Gruppe nützen?

Die meisten Arbeiten, Freundschaften, politischen Aktionen
und religiösen Riten finden in Gruppen statt, von denen jede
ihren eigenen Charakter besitzt. In vieler Hinsicht können wir
diese Gruppen als Organismen betrachten, die Enneagramm-
Typen ähneln. Geschäftliche Vereinigungen zum Beispiel und
die populären Psycho-Gruppen sind DREIer, die meisten Kirchen sind SECHSer oder EINSer, die amerikanische Umwelt-
gruppe »Earth First« ist eine ACHT und der Sierra-Club eine
VIER. Nicht alle Mitglieder solcher Gruppen haben den gleichen Typ. Viele haben einen anderen und benutzen die Gruppe, um etwas in ihrem Leben ins Gleichgewicht zu bringen.

Aber jede Gruppe funktioniert als Einheit, deren Teile miteinander interagieren. Die Gruppe reagiert auf das widerspruchsvolle Klima der menschlichen Gefühle ihrer Mitglieder. Sie unterdrückt oder benutzt die aufkommenden Energien gegensätzlicher Bilder – die stabile Macht und das kreative Unbekannte. Manche Gruppen leiden an einer systematischen Verzerrung, ganz ähnlich wie dysfunktionale Familien. In diesem Fall ist das Gespräch blockiert. Das Aussprechen von Gedanken und Gefühlen in Gegenwart anderer und das Aufbauen auf den Einsichten anderer, um dann zu agieren, ist die große Stärke von Gruppen. Es ist interessant, daß das Wort »Infanterie« ursprünglich »die ohne Sprache« bedeutet. Ohne die Macht der Sprache »schlafen« wir und sind der Kontrolle anderer unterworfen. Die Friedensbewegung wurde zum Schweigen gebracht, als das US-Bombardement auf Bagdad begann. Daß eine militärische Intervention simplifizierend als »Unterstützung unserer Truppen« erklärt wurde, diente der Sucht der Gesellschaft nach gewalttätigen Lösungen. Weitere Gespräche waren abgeschnitten.

Viele Gruppen beschäftigen sich in periodischen Abständen mit den verwandelnden Enneagramm-Elementen, die sie vermeiden möchten (Ohnmacht angesicht des Irrationalen, unbestimmte Bedürftigkeit, aufsteigende Wut, Konflikt durch Schmerz, Versagen und die Leere des Nicht-Wissens). Um die Möglichkeit zur Veränderung zuzulassen, müssen sie ihre Auffassung von Wahrheit weiter vertreten und den von außen kommenden Widerstand und ihre Ohnmachtsgefühle konfrontieren. Der Gruppenprozeß, sich zusammenzuschließen, verschiedene Führungsstile auszuprobieren und Wege zur Zusammenarbeit zu finden, gleicht dem Prozeß des einzelnen, der mit seinem Enneagramm-Muster kämpft.

Der Gruppeneinfluß hat eine dunkle Seite. Kultgemeinschaften, religiöse und politische Demagogen, wirtschaftliche Kräfte und Kräfte, die mobil machen, wenn Veränderung droht, benutzen gruppenspezifische Techniken, um zum eigenen Nutzen zu manipulieren. Die Schattenthemen von Gruppen sind die allgemein bekannten, vor allem die Behandlung anderer als Objekt. Gruppensüchte können sich um jeden Enneagramm-Zwang herum ansiedeln – Wissen und Manipulation, Hilfsbereitschaft, Rache und Selbstgerechtigkeit, Sicherheit, Lust, Beschäftigung mit der Vergangenheit und Effizienz. Alle Abwehrmechanismen und Stärken des Enneagramms, die nach dem Ringen mit dem Unbekannten erscheinen, zeigen sich im Gruppenprozeß.

Die heutige Erforschung von Gruppenprozessen geschieht mit Hilfe allgemeiner Systemtheorien. Ein System ist eine Organisation interagierender, begrenzter Teile. Eine Gemeinschaft, eine Gruppe oder ein Mensch sind lebendige Systeme. Das einzelne Familienmitglied zum Beispiel drückt für die Familie als Ganzes etwas aus. Das gestörte Kind agiert eine Schwierigkeit aus, die ihren Ursprung in der Beziehung zwischen den Eltern haben kann. Was irgendeinem Gruppenmitglied geschieht, hat eine Auswirkung. Die Heilung in einem Teil des Systems beeinflußt jeden anderen.

Heilung geschieht, wenn wir die Verantwortung für unsere Entscheidungen übernehmen. Entscheidungen entstehen aus Überzeugungen. Wenn wir zum Beispiel glauben, daß wir niemandem vertrauen können, leben wir unser Leben entspre-

Nicht abgeholte Publikums

chend. Wenn wir diese Überzeugung verlieren, treffen wir ganz andere Entscheidungen. Wenn wir unsere Schwachstellen finden und mit ihnen arbeiten, können wir unseren Gruppen bei der parallelen Entwicklung helfen, zu sehen, was sie lieber nicht sehen würden. Wir können uns von dysfunktionalen Familien befreien, indem wir unser geheimes Einverständnis benennen und es für unseren Teil einstellen. Genauso können wir kulturell und ökonomisch dysfunktionale Systeme und Gruppen benennen. Wir können uns von ihnen auf ähnliche Weise befreien.

An der Schwelle zum 21. Jahrhundert ist eine enorme kulturelle Veränderung im Gang. Bilder und Gefühle, die sich in Handlungen ausdrücken, dringen zunehmend ins kritische Denken ein. Die beliebigen, zusammenhanglosen Bilder des Fernsehens symbolisieren dies. In der Computerwissenschaft jedoch wird die Eigenart von Informationsbits respektiert. Wir brauchen eine Synthese, die der geordneten und einbeziehenden Sicht gleicht, zu der die Arbeit mit dem Enneagramm führt.

Das Pendeln zwischen Rationalem und Irrationalem, Klassischem und Romantischem, Apollo und Dionysius ist unserem Zeitalter nicht neu. Es zeigt, daß wir an einem der großen Übergangspunkte der Menschheitsgeschichte stehen, ähnlich wie vor der Renaissance und der industriellen Revolution. Wir werden überschwemmt von Informationen, die wir sichten müssen. Wir müssen unserer Erfahrung einen neuen Rahmen geben.

Es ist möglich, daß wir ein anderes Verständnis der menschlichen Psyche und der Art und Weise entwickeln, in der Menschen als Teil einer Gruppe interagieren. Berühmte und berüchtigte Leute stellen ihren Enneagramm-Typ ohne Befangenheit dar, weshalb Nachrichten über sie deutlich die Handschrift der Typen zeigen. Kinder sehen sich im Fernsehen stundenlang die Geschichten kleiner Gruppen von Menschen an, die miteinander interagieren. Sie erleben neue Formen des Einflusses von Gruppen auf Familien, Kirchen, Schulen und sogar die Geschäftswelt. All diese Formen bieten Handlungsmodelle und Alternativen. Wir können mit den begrenzten Stereotypen, dem allgegenwärtigen ökonomischen Materialismus, der Reduzierung wichtiger und schrecklicher Ereignisse auf Fernsehdramen und dem Verkümmern von Gespräch und politischer Aussage hadern, aber etwas geschieht. Was wir beobachten, wie wir es aufnehmen und verwenden, ändert sich. Die Formen der Kreativität haben sich verändert und beziehen auch Gruppenfertigkeiten ein. Wir haben immer noch Schriftsteller und Direktoren, aber zu ihrer Begabung muß die Kenntnis der Gruppenkreativität gehören. Sie gleicht eher Jazz-Improvisationen als klassischen Symphonien. In kleinen, menschengemäßen Gruppen bearbeiten wir unsere Strukturen neu. Wir gewinnen Einblick in die Motivationen von Menschen und lernen, wie wir ihn verwenden können, wenn wir an die Arbeit und ins Leben gehen.

Mit dem Gleichgewicht von bewußten und unbewußten Kräften in unserer Psyche geschieht etwas. Wenn wir den Zeitgeist und den Sinn unserer individuellen Arbeit an mehr Bewußtheit verstehen wollen, müssen wir die Wechselwirkung dieser Kräfte untersuchen. Die mystischen Traditionen aller religiösen Systeme haben immer eine allen Menschen zugrundeliegende Einheit postuliert. In vieler Hinsicht macht die Gruppensystemtheorie dies auch. Wir können niemanden und nichts weglassen. Es geht um Einbeziehung. Gefragt ist unsere Phantasie. Die Arbeit, die wir tun, ist wichtig.

**Es ist schwer, die Wirkung unseres individuellen Tuns auf die große Gesellschaft abzuschätzen, aber wir alle handeln aufgrund unserer Überzeugungen. Bedenken Sie folgendes:**

> FAKTEN:
> 1 von 5 Kindern in den
> Vereinigten Staaten wuchs 1991
> in absoluter Armut auf.
> 330.000 Kinder sind obdachlos.
> Die Zahl der Selbstmorde
> bei Heranwachsenden hat sich
> seit 1960 verdreifacht.

Was empfinden Sie, wenn Sie dies lesen? Welche Erfahrung haben Sie mit armen oder obdachlosen Kindern in Ihrer Umgebung oder mit einem verzweifelten Heranwachsenden gemacht? Wer könnte helfen? Wissen Sie, ob ein Kinderschutzbund existiert? Wen würden Sie anrufen, wenn Sie auf eine schwierige Lage aufmerksam würden? Was halten Sie von einer Einkommenssteuer für die Gesundheit und den Unterhalt von Kindern, die unter der Armutsgrenze leben? Wenn Sie dafür sind: Was werden Sie dafür tun?

Etwas anderes, mit dem wir uns beschäftigen müssen, ist das Auseinanderbrechen von Familien. (Denken Sie daran, wie wichtig und schwierig Ihre Beziehung zu Mutter und Vater war.)

> FAKTEN:
> Die Scheidungsrate liegt
> in den USA bei 50%.
> 42% der Väter sehen
> ihre Kinder nach der Scheidung
> nicht mehr.

Was empfinden Sie, wenn Sie dies lesen? Welche persönliche Erfahrung haben Sie mit Scheidung und Kindern aus geschiedenen Ehen? Was könnte Ihrer Meinung nach helfen? Wer sollte es tun?

Ihre Kraft, unsere gesellschaftlichen Probleme zu lösen, nimmt zu, wenn Sie mit einer Gruppe oder Institution arbeiten, die Ihre Werte vertritt. Welche Gruppen in Ihrer Umgebung kennen Sie, die auf Ihre Sorgen hin agieren könnten?

**Wie finden Sie Ihre Gemeinschaft?**

Ach, nichts Besonderes. Was gibt's bei dir Neues?

# Nachwort

**Wenn Sie eine Kopie Ihrer Antworten auf einige oder alle Abschnitte des Arbeitsbuchs an uns senden, schicken wir Ihnen nach der Auswertung aller Rückläufe eine Kopie unserer Ergebnisse und Kommentare.** Leider können wir nur englische Zuschriften bearbeiten. Schicken Sie die Kopie an: Molysdatur Publications
    203 Star Route
    Muir Beach, CA 94965.
Schreiben Sie nicht Ihren Namen auf die Kopien, damit die Vertraulichkeit gewahrt bleibt. Schicken Sie für die Zusendung der Ergebnisse einen an sich selbst adressierten Umschlag mit.

# Glossar

**Abwehrmechanismus:** Jeder Prozeß, durch den man sich vor dem Erkennen störender Muster, Instinkte oder Gefühle schützt. Zu den Abwehrmechanismen gehören Projektion, Verdrängung, Sublimation, Reaktionsbildung, Verschiebung, Rationalisierung, Leugnung, Segmentierung, Introjektion und zwanghaftes Denken.

**Anima:** Jungs Bezeichnung für einen in jedem Mann vorhandenen Archetyp, die weibliche Seite. Jung benutzte den Begriff auch für das innere Selbst eines Menschen, das mit dem Unbewußten kommunizieren kann. ANIMUS meint den männlichen Archetyp, die männliche Seite der Frau.

**Archetyp:** Ein inneres Muster, das im kollektiven Unbewußten vorhanden ist und das jeder hat.

**Bewußtsein:** Bewußtheit der Wahrnehmungen, Gedanken und Gefühle.

**Depression:** Ein Zustand extremer Niedergeschlagenheit, im all gemeinen charakterisiert durch ein Gefühl der Hilflosigkeit und die Überzeugung, daß nichts getan werden kann, um den Zustand zu verbessern. Mögliche Symptome sind Schlaflosigkeit, Konzentrationsunfähigkeit, mangelndes Interesse an der Welt und Schuldgefühle.

**Enneagramm:** Ein geometrisches Symbol, das neun grundlegende Persönlichkeitstypen und ihre Beziehungen zueinander darstellt.

**Esoterisch:** Etwas, das für einen inneren Zirkel von Schülern, nur für Eingeweihte bestimmt ist. Ein Lehrsystem, das durch geheime Überlieferung weitergegeben wird.

**Glaube:** Vertrauen. Meinungen und Überzeugungen, die sich in Charakter und Willen äußern.

**Hoffnung:** Mit Freude und Vertrauen sehnsuchtsvoll erwarten und vorwegnehmen.

**Hysterie:** Ungenau benutzt als Hinweis auf eine Neurose, bei der der Betreffende Aufmerksamkeit zu suchen scheint. Eine funktionale Störung des Nervensystems, deren Charakteristika fehlende Schmerzempfindung, Zuckungen und Störungen der emotionalen und intellektuellen Fähigkeiten sind.

**Ich:** Der Teil von uns, mit dem wir uns identifizieren, der Teil, der Entscheidungen trifft.

**Identifikation:** Ein Abwehrmechanismus, bei dem Bedürfnisse durch die Identifikation mit jemand anders erfüllt werden, vor dem man Angst hat (z. B. »Identifikation mit dem Aggressor«).

**Individuation:** Die Entwicklung von Unabhängigkeit und Autonomie, Bewußtsein von der eigenen Individualität.

**Introjektion:** Die Übernahme der moralischen Maßstäbe, Ziele und Überzeugungen eines anderen Menschen (gewöhnlich der Eltern).

**Isolierung:** Ein Abwehrmechanismus, bei dem der Betreffende mit schmerzhaftem Material umgeht, indem er es ohne Gefühle erlebt.

**Kollektives Unbewußte:** Jungs Bezeichnung für den Teil des unbewußten Verstands, dessen Inhalte ererbt und innerhalb der Spezies im wesentlichen universell sind.

**Leugnung:** Ein Abwehrmechanismus bzw. eine Weigerung,

unbewußtes Material zu erkennen, das, wenn es erkannt würde, schmerzliche Angst oder Schuldgefühle auslösen würde.

**Liebe (Eros, Caritas, Agape):** Ein Zustand, bei dem herzliche Zuneigung und Verbundenheit mit einem anderen Menschen empfunden wird, ein aufmerksames, fürsorgliches Handeln, das das Potential dessen, was der andere werden kann, steigert; in religiöser Hinsicht die Zuneigung Gottes zu all seinen Geschöpfen. Der Begriff Eros, so wie Freud ihn benutzte, meinte den Lebensinstinkt. Eros, der männliche Gott der Liebe, wird mit sexueller Leidenschaft und den Pfeilen der Projektion assoziiert. Caritas mit Wohlwollen und Fürsorglichkeit; Agape mit gemeinschaftsorientierter, altruistischer Liebe.

**Narzißtische Persönlichkeit:** Eine Persönlichkeit mit einer Reihe egozentrischer Züge – starker Wunsch nach Bewunderung, Gleichgültigkeit gegenüber Kritik, übertriebene Meinung von sich selbst. Im Extremfall ist der Betreffende völlig ichbezogen, kümmert sich nicht um andere und zeigt psychotische Verhaltensweisen sowie antisoziale Störungen.

**Paranoia:** Eine psychische Störung mit wahnhaften Überzeugungen. Der Begriff beschränkt sich nicht auf Verfolgungswahn, obwohl er im Alltag oft in diesem Sinne verwendet wird.

**Passiv-aggressive Persönlichkeit:** Eine Störung, bei der der Betreffende sich passiv gegen die Forderungen der Gesellschaft wehrt (indem er etwa Verabredungen vergißt oder seine Arbeit schlecht tut). Da der oder die Menschen, denen das Verhalten gilt, sich im allgemeinen verletzt fühlen, ist die zugrundeliegende, nicht erkannte Aggression offensichtlich.

**Persona:** Die äußeren Charakteristika eines Menschen, mit denen er der Gesellschaft und ihren Anforderungen entgegentritt. Bedeutete ursprünglich »Maske«.

**Projektion:** Eine Eigenschaft oder Disposition wird so erlebt, als gehörte sie zu einem anderen Menschen, während ihr Vorhandensein in einem selbst unerkannt bleibt oder geleugnet wird.

**Psyche:** Das griechische Wort für Seele, Geist, Verstand im Gegensatz zum Körper.

**Rationalisierung:** Falsche, aber plausible Gründe werden vorgebracht, um Aspekte des Verhaltens oder der Gefühle zu erklären.

**Reaktionsbildung:** Eine Eigenschaft wird geleugnet und statt dessen ihr Gegenteil geäußert (zum Beispiel: statt Wut wird »freundliche Vernunft« gezeigt).

**Schatten:** Der Archetyp, der die unbekannten und inakzeptablen Aspekte der Persönlichkeit darstellt.

**Segmentierung:** Die verstandesmäßige Trennung von widersprüchlichen Gedanken und Gefühlen, so daß man ein inkonsequentes Verhalten vor sich selbst verbergen kann.

**Selbst:** In der Jungschen Terminologie die tiefste und umfassendste Realität eines Menschen. Es hat bewußte und unbewußte Aspekte.

**Soziopath:** Ein Mensch, der ständig mit der Gesellschaft auf Kriegsfuß steht, zu tiefgehenden Beziehungen unfähig ist, sich nicht für andere interessiert, ichbezogen, reizbar und ungeduldig ist und Schuldgefühle und Gewissensbisse nicht kennt.

**Sublimierung:** Unterdrückte Wünsche werden in akzeptabler Form geäußert (zum Beispiel: Grausamkeit verwandelt sich in das Geschick eines Chirurgen).

**Sucht:** Ein überwältigendes Verlangen oder Bedürfnis nach bestimmten Substanzen, Gegenständen, Handlungen, Interaktionen, Phantasien oder Orten, die ein seelisches und körperliches Hoch auslösen oder Schmerz vermeiden. Das Bedürfnis ist ein sich wiederholender, zwanghafter Bewältigungsmechanismus für Konflikt, Streß oder Schmerz. Substanzenmißbrauch (Drogen, Alkohol, Nahrung) ist offensichtlich, aber es gibt auch den Mißbrauch von Tätigkeiten (etwa Arbeitssucht), um eine schwierige Realität zu vermeiden.

**Unterdrückung:** Ein Gedanke oder ein Wunsch werden bewußt im Verstand gestrichen, und der Betreffende weigert sich, auf ihn hin zu handeln (Unterschied zur Verdrängung).

**Verdrängung:** Inakzeptable Eigenschaften oder Gefühle werden unbewußt zensiert, nicht im Bewußtsein zugelassen.

**Vermeidende Persönlichkeit:** Die Bezeichnung für Menschen, deren Kennzeichen die aktive Abneigung gegen gesellschaftliche Beziehungen ist (Theodore Millon in *Modern Psychopathology*).

**Zwanghafte Persönlichkeit:** Menschen, die hohe Maßstäbe haben, starr und übergenau sind, Angst haben, Fehler zu machen, und zu Wiederholungsverhalten neigen.

# WEITERE TITEL ZUM ENNEAGRAMM-STUDIUM

Richard Rohr/Andreas Ebert
**Das Enneagramm**
Die 9 Gesichter der Seele
*18. Auflage, 280 Seiten mit s/w-Abbildungen, Pb, 14x22 cm, DM 29,80, ISBN 3-532-62088-X*

Mit 18 Auflagen das unumstrittene Standardbuch zur Einführung in die kontemplative Psychologie des Enneagramms.
Welcher der neun Typen sind Sie? Kennen Sie Ihre Fixierung und den Weg aus Ihrer Falle? Dieses Buch von Rohr und Ebert hilftIhre Selbsterkenntnis zu vertiefen und Ihre Gottesbeziehung zu verwandeln.

Andreas Ebert/Richard Rohr u. a.
**Erfahrungen mit dem Enneagramm**
Sich selbst und Gott begegnen
*3. Auflage, 368 Seiten, Pb, 14 x 22 cm, DM 32,80, ISBN 3-532-62110X*

Die Vielfalt der Arbeit mit dem Enneagramm wird hier in der Art einer „Zwischenbilanz" aufgezeigt. Zahlreiche Enneagramm-Experten, Psychologen, Theologen und Therapeuten zeigen, wie mit dem Enneagramm ein spiritueller Reifeprozess in Gang kommen kann.
Der letzte Teil des Buches ist Erfahrungsberichten und persönlichen Zeugnissen gewidmet. Ein neu entwickelter Enneagramm-Test bietet Hilfestellung bei der Frage nach dem eigenen Typ.

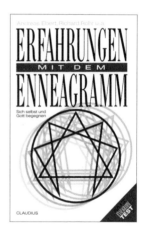

Markus Becker
**Enneagramm Typen-Test ETT**
Sonderdruck aus „Erfahrungen mit dem Enneagramm"
*3. Auflage, 20 Seiten, Broschur, 14 x 22 cm, DM 3,90 + Staffelpreise, ISBN 3-532-621130-4*

**Claudius Verlag** · **Birkerstraße 22** · **8000 München 19**